胡适

哲学与理想

谈

胡适 著

陈亚明 编

中国华侨出版社

·北京·

图书在版编目（CIP）数据

胡适谈哲学与理想 / 胡适著；陈亚明编. -- 北京：
中国华侨出版社, 2022.10

ISBN 978-7-5113-8825-4

Ⅰ.①胡… Ⅱ.①胡… ②陈… Ⅲ.①哲学—中国—
文集 Ⅳ.①B2-53

中国版本图书馆CIP数据核字（2022）第120003号

●胡适谈哲学与理想

著　　者 / 胡　适

编　　者 / 陈亚明

出 版 人 / 杨伯勋

责任编辑 / 姜薇薇

封面设计 / 薛　芳

经　　销 / 新华书店

开　　本 / 710毫米 × 1000毫米　　1/16　　印张 / 13.5　　字数 / 189千字

印　　刷 / 艺通印刷（天津）有限公司

版　　次 / 2022年10月第1版　　2022年10月第1次印刷

书　　号 / ISBN 978-7-5113-8825-4

定　　价 / 45.00元

中国华侨出版社　　北京市朝阳区西坝河东里77号楼底商5号　　邮编：100028

发 行 部：（010）64443051　　传　真：（010）64439708

网　　址：www.oveaschin.com　　E-mail：oveaschin@sina.com

如发现印装质量问题，影响阅读，请与印刷厂联系调换。

编辑说明

胡适先生是20世纪中国最具国际声誉的学者、思想家和教育家之一。在民国众多大师之中，他的身上闪耀着那个时代最为耀眼的光芒：作为新文化运动的领袖之一，胡适拥有32个博士头衔，获得过诺贝尔文学奖提名，还被称为"九项全能"的专家学者。他不仅在文、史、哲等诸多领域取得了巨大成就，还活跃于政治领域。

做学问，胡适先生提出"做学问要在不疑处有疑"；做人，他说"待人要在有疑处不疑"。《人民日报》这样评价胡适先生："他是20世纪中国最具国际声誉的学者、思想家和教育家之一，是20世纪中国学术思想史上的中心人物。自新文化运动以来，在学术思想上开一代新风，对思想界、学术界、文化界影响甚深。"

本系列文丛从胡适先生生前发表的各种著作、文章中，精心挑选其在文化、历史、社会、哲学等领域的代表作品，按照"读书与做人""文学与历史""哲学与理想""社会与文明"四个主题整理并进行分类。

胡适先生著作版本繁多，不同版本之间又多有歧异。为此，本系列文丛尽量以胡适自校本为底本，参校了其他权威版本，在保持原作风格的基础上，根据现代白话文的标准，对文稿进行了细微调整，以符合读者的阅读习惯。

一、文中出现的错字、漏字、别字均有订正，并酌情加注说明。

二、文中凡是未加新式标点的，都重新加好标点；原有标点与

1

现行编辑体例不符的，在不影响阅读及语义的基础上，尽量保持原有标点。

　　三、文中部分字词的运用，如"的"与"地"、"做"与"作"、"他"与"她"、"那"与"哪"等，尽量保持原样。

　　四、文中译名的不同均加以注解。

　　五、根据具体情况，对部分文章做了一些删减。

目　录

下卷
胡适谈理想

上卷

胡适谈哲学

◈

成功不必在我，而功力必不唐捐。

怕什么真理无穷，进一寸有一寸的欢喜。

做学问要在不疑处有疑，待人时要在有疑处不疑。

有几分证据说几分话，想怎么收获就怎么栽。

大胆的假设，小心的求证；认真的做事，严肃的做人。

◈

哲学是什么

哲学的定义

哲学的定义从来没有一定的。我如今也暂下一个定义："凡研究人生切要的问题，从根本上着想，要寻一个根本的解决：这种学问叫做哲学。"例如行为的善恶，乃是人生一个切要问题。平常人对着这问题，或劝人行善去恶，或实行赏善罚恶，这都算不得根本的解决。哲学家遇着这问题，便去研究什么叫做善，什么叫做恶；人的善恶还是天生的呢，还是学得来的呢；我们何以能知道善恶的分别，还是生来有这种观念，还是从阅历经验上学得来的呢；善何以当为，恶何以不当为；还是因为善事有利所以当为，恶事有害所以不当为呢；还是只论善恶，不论利害呢：这些都是善恶问题的根本方面。必须从这些方面着想，方可希望有一个根本的解决。

因为人生切要的问题不止一个，所以哲学的门类也有许多种。例如：

一、天地万物怎样来的。（宇宙论）

二、知识思想的范围、作用及方法。（名学及知识论）

三、人生在世应该如何行为。（人生哲学旧称"伦理学"）

四、怎样才可使人有知识、能思想、行善去恶呢。（教育哲学）

五、社会国家应该如何组织、如何管理。（政治哲学）

六、人生究竟有何归宿。（宗教哲学）

哲学史

这种种人生切要问题，自古以来，经过了许多哲学家的研究。往往有一个问题发生以后，各人有各人的见解，各人有各人的解决方法，遂致互相辩论。有时一种问题过了几千百年，还没有一定的解决法。例如孟子说人性是善的，告子说性无善无不善，荀子说性是恶的。到了后世，又有人说性有上中下三品，又有人说性是无善无恶可善可恶的。若有人把种种哲学问题的种种研究法，和种种解决方法，都依着年代的先后，和学派的系统，一一记叙下来，便成了哲学史。

哲学史的种类也有许多：

一、通史。例如《中国哲学史》，《西洋哲学史》之类。

二、专史。（一）专治一个时代的，例如《希腊哲学史》，《明儒学案》。（二）专治一个学派的，例如《禅学史》，《斯多亚派哲学史》。（三）专讲一人的学说的，例如《王阳明的哲学》，《康德的哲学》。（四）专讲哲学的一部分的历史，例如《名学史》，《人生哲学史》，《心理学史》。

哲学史有三个目的：

一、明变。哲学史第一要务，在于使学者知道古今思想沿革变迁的线索。例如：孟子、荀子同是儒家，但是孟子、荀子的学说和孔子不同，孟子又和荀子不同。又如宋儒、明儒也都自称孔氏，但是宋明的儒学，并不是孔子的儒学，也不是孟子、荀子的儒学。但是这个不同之中，却也有个相同的所在，又有个一线相承的所在。这种同异沿革的线索，非有哲学史，不能明白写出来。

二、求因。哲学史目的，不但要指出哲学思想沿革变迁的线索，还须要寻出这些沿革变迁的原因。例如程子、朱子的哲学，何以不同于孔子、孟子的哲学？陆象山、王阳明的哲学，又何以不同于程子、朱子呢？这些原因，约有三种：

（甲）个人才性不同。

（乙）所处的时势不同。

（丙）所受的思想学术不同。

三、评判。既知思想的变迁和所以变迁的原因了，哲学史的责任还没有完，还须要使学者知道各家学说的价值：这便叫做评判。但是我说的评判，并不是把做哲学史的人自己的眼光，来批评古人的是非得失。那种"主观的"评判，没有什么大用处。如今所说，乃是"客观的"评判。这种评判法，要把每一家学说所发生的效果表示出来。这些效果的价值，便是那种学说的价值。这些效果大概可分为三种：

（甲）要看一家学说在同时的思想，和后来的思想上，发生何种影响。

（乙）要看一家学说在风俗政治上，发生何种影响。

（丙）要看一家学说的结果，可造出什么样的人格来。

例如：古代的"命定主义"，说得最痛切的，莫如庄子。庄子把天道看作无所不在无所不包，故说"庸讵知吾所谓天之非人乎？所谓人之非天乎？"因此他有"乘化以待尽"的学说。这种学说，在当时遇着荀子，便发生一种反动力。荀子说"庄子蔽于天而不知人"，所以荀子的《天论》极力主张征服天行，以利人事。但是后来庄子这种学说的影响，养成一种乐天安命的思想，牢不可破。在社会上，好的效果，便是一种达观主义；不好的效果，便是懒惰不肯进取的心理。造成的人才，好的便是陶渊明、苏东坡；不好的便是刘伶一类达观的废物了。

中国哲学在世界哲学史上的位置

世界上的哲学大概可分为东西两支。东支又分印度、中国两系。西支也分希腊、犹太两系。初起的时候，这四系都可算作独立发生的。到了汉以后，犹太系加入希腊系，成了欧洲中古的哲学。印度系加入中国系，成了中国中古的哲学。到了近代，印度系的势力渐衰，儒家复起，遂产生了中国近世的哲学，历宋元明清直到于今。欧洲的思想，渐渐脱离了犹太系的势力，遂产生欧洲的近世哲学。到了今日，这两大支的哲学互相接触、互相影响。五十年后，一百年后，或竟能发生一种世界的哲学，也未可知。

附世界哲学统系图：

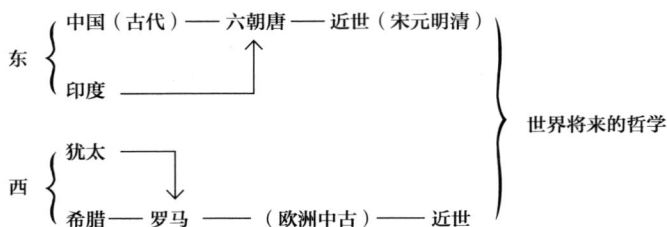

东 { 中国（古代）—— 六朝唐 —— 近世（宋元明清）
      印度 ——————↑   } 世界将来的哲学

西 { 犹太 ————↓
      希腊 —— 罗马 —— （欧洲中古）—— 近世

中国哲学史的区分

中国哲学史可分三个时代：

一、古代哲学。自老子至韩非，为古代哲学。这个时代，又名"诸子哲学"。

二、中世哲学。自汉至北宋，为中世哲学。这个时代，大略又可分作两个时期：

（甲）中世第一时期。自汉至晋，为中世第一时期。这一时期的学派，无论如何不同，都还是以古代诸子的哲学作起点的。例如《淮南子》是折衷古代各家的；董仲舒是儒家的一支；王充的《天论》得力于道家，《性论》折衷于各家；魏晋的老庄之学，更不用说了。

（乙）中世第二时期。自东晋以后，直到北宋，这几百年中间，是印度哲学在中国最盛的时代。印度的经典，次第输入中国。印度的宇宙论、人生观、知识论、名学、宗教哲学，都能于诸子哲学之外，别开生面，别放光彩。此时凡是第一流的中国思想家，如智顗、玄奘、宗密、窥基，多用全副精力，发挥印度哲学。那时的中国系的学者，如王通、韩愈、李翱诸人，全是第二流以下的人物。他们所有的学说，浮泛浅陋，全无精辟独到的见解。故这个时期的哲学，完全以印度系为主体。

　　三、近世哲学。唐以后，印度哲学已渐渐成为中国思想文明的一部分。譬如吃美味，中古第二时期是仔细咀嚼的时候，唐以后便是胃里消化的时候了。吃的东西消化时，与人身本有的种种质料结合，别成一些新质料。印度哲学在中国，到了消化的时代，与中国固有的思想结合，所发生的新质料，便是中国近世的哲学。我这话初听了好像近于武断。平心而论，宋明的哲学，或是程朱，或是陆王，表面上虽都不承认和佛家禅宗有何关系，其实没有一派不曾受印度学说的影响的。这种影响，约有两方面：一面是直接的。如由佛家的观心，回到孔子的"操心"，到孟子的"尽心""养心"，到《大学》的"正心"：是直接的影响。一面是反动的。佛家见解尽管玄妙，终究是出世的，是"非伦理的"。宋明的儒家，攻击佛家的出世主义，故极力提倡"伦理的"入世主义。明心见性，以成佛果，终是自私自利；正心诚意，以至于齐家、治国、平天下，便是伦理的人生哲学了。这是反动的影响。

　　明代以后，中国近世哲学完全成立。佛家已衰，儒家成为一尊。于是又生反动力，遂有汉学、宋学之分。清初的汉学家，嫌宋儒用主观的见解，来解古代经典，有"望文生义""增字解经"种种流弊。故汉学的方法，只是用古训、古音、古本等等客观的根据，来求经典的原意。故嘉庆以前的汉学、宋学之争，还只是儒家的内哄。但是汉学家既重古训古义，不得不研究与古代儒家同时的子书，用来作参考互证的材料。故清初的诸子学，不过是经学的一种附属品，一种参考书。不料后来的学者，越研究子书，越觉得子书有价值。故孙星衍、王念孙、王引之、顾广圻、俞樾诸人，对于经书与子书，简直没有上下轻重和正道异端的分别了。到了最近世，如孙诒让、章炳麟诸君，竟都用全副精力发明诸子学。于是从前作经学附属品的诸子学，到此时代，竟成专门学。一般普通学者崇拜子书，也往往过于儒书。岂但是"附庸蔚为大国"，简直是"婢作夫人"了。

综观清代学术变迁的大势，可称为古学昌明的时代。自从有了那些汉学家考据、校勘、训诂的工夫，那些经书子书，方才勉强可以读得。这个时代，有点像欧洲的"再生时代"（再生时代西名Renaissance，旧译文艺复兴时代）。欧洲到了"再生时代"昌明古希腊的文学哲学，故能推翻中古"经院哲学"（旧译烦琐哲学，极不通。原文为Scholasticism，今译原义）的势力，产出近世的欧洲文化。我们中国到了这个古学昌明的时代，不但有古书可读，又恰当西洋学术思想输入的时代，有西洋的新旧学说可供我们的参考研究。我们今日的学术思想，有这两个大源头：一方面是汉学家传给我们的古书；一方面是西洋的新旧学说。这两大潮流汇合以后，中国若不能产生一种中国的新哲学，那就真是辜负了这个好机会了。

哲学与人生

前次承贵会邀我演讲关于佛学的问题，我因为对于佛学没有充分的研究，拿浅薄的学识来演讲这一类的问题，未免不配；所以现在讲"哲学与人生"，希望对于佛学也许可以贡献点参考。不过我所讲的有许多地方和佛家意见不合，佛学会的诸君态度很公开，大约能够容纳我的意见的！讲到"哲学与人生"，我们必先研究他的定义：什么叫哲学？什么叫人生？然后才知道他们的关系。

我们先说人生。这六月来，国内思想界，不是有玄学与科学的笔战么？国内思想界的老将吴稚晖先生，就在《太平洋杂志》上发表一篇《一个新信仰的宇宙观及人生观》。其中下了一个人生的定义。他说："人是哺乳动物中的有二手二足用脑的动物。"人生即是这种动物所演的戏剧，这种动物在演时，就有人生；停演时就没人生。所谓人生观，就是演时对于所演之态度，譬如：有的喜唱花面，有的喜唱老生，有的喜唱小生，有的喜摇旗呐喊；凡此种种两脚两手在演戏的态度，就是人生观。不过单是登台演剧，红进绿出，有何意义？想到这层，就发生哲学问题。哲学的定义，我们常在各种哲学书籍上见到，不过我们尚有再找一个定义的必要。我在《中国哲学史大纲》上卷上所下的哲学定义说："哲学是研究人生切要的问题，从根本上着想，去找根本的解决。"但是根本两字意义欠明，

9

现在略加修改，重新下了一个定义说："哲学是研究人生切要的问题，从意义上着想，去找一个比较可普遍适用的意义。"现在举两个例来说明他：要晓得哲学的起点是由于人生切要的问题，哲学的结果，是对于人生的适用。人生离了哲学，是无意义的人生；哲学离了人生，是想入非非的哲学。现在哲学家多凭空臆说，离得人生问题太远，真是上穷碧落，愈闹愈糟！

现在且说第一个例：二千五百年前在喜马拉雅山南部有一个小国——迦叶——里，街上倒卧着一个病势垂危的老丐，当时有一个王太子经过，在别人看到，将这老丐赶开，或是毫不经意的走过去了；但是那王太子是赋有哲学的天才的人，他就想人为什么逃不出老、病、死，这三个大关头，因此他就弃了他的太子爵位、妻孥、便嬖、皇宫、财货，遁逃入山，去静想人生的意义。后来忽然在树下想到一个解决，就是将人生一切问题拿主观去看，假定一切多是空的，那么，老、病、死，就不成问题了。这种哲学的合理与否，姑不具论，但是那太子的确是研究人生切要的问题，从意义上着想去找他以为比较普遍适用的意义。

我们再举一个例：譬如我们睡到夜半醒来，听见贼来偷东西，我那就将他捉住，送县究办。假如我们没有哲性，就这么了事，再想不到"人为什么要作贼"等等的问题；或者那贼竟苦苦哀求起来，说他所以作贼的缘故，因为母老，妻病，子女待哺，无处谋生，迫于不得已而为之，假如没哲性的人，对于这种吁求，也不见有甚良心上的反动。至于富于哲性的人就要问了，为什么不得已而为之？天下不得已而为之的事有多少？为什么社会没得给他做工？为什么子女这样多？为什么老病死？这种偷窃的行为，是由于社会的驱策，还是由于个人的堕落？为什么不给穷人偷？为什么他没有我有？他没有我有是否应该？拿这种问题，逐一推思下去，就成为哲学。由此看来，哲学是由小事放大，从意义着想而得来的，并非空说高谈能够了解的。推论到宗教哲学，政治哲学，社会哲学等，也无非多从活的人生问题推衍阐明出来的。

我们既晓得什么叫人生，什么叫哲学，而且略会看到两者的关系，现在再去看意义在人生上占的什么地位？现在一般的人饱食终日，无所用心。思想差不多是社会的奢侈品。他们看人生种种事实，和乡下人到城里未看见五光十色的电灯一样。只看到事实的表面，而不了解事实的意义。因为不能了解意义的原故，所以连事实也不能了解了。这样说来，人生对于意义，极有需要，不知道意义，人生是不能了解的。宋朝朱子这班人，终日对物格物，终于找不到着落，就是不从意义上着想的原故。又如平常人看见病人种种病象，他单看见那些事实而不知道那些事实的意义，所以莫名其妙。至于这些病象一到医生眼里，就能对症下药，因为医生不单看病象，还要晓得病象的意义的原故。因此，了解人生不单靠事实，还要知道意义！

那么，意义又从何来呢？有人说：意义有两种来源，一种是从积累得来，是愚人取得意义的方法；一种是由直觉得来，是大智取得意义的方法。积累的方法，是走笨路；用直觉的方法是走捷径。据我看来，欲求意义唯一的方法，只有走笨路，就是日积日累的去做刻苦的工夫，直觉不过是熟能生巧的结果，所以直觉是积累最后的境界，而不是豁然贯通的。大发明家爱迪生有一次演说，他说，天才99%是汗，1%是神。可见得天才是下了番苦功才能得来，不出汗决不会出神的。所以有人应付环境觉得难，有人觉得易，就是日积日累的意义多寡而已。哲学家并不是什么，只是对人生所得的意义多点罢了。

欲得人生的意义，自然要研究哲学史，去参考已往的死的哲理。不过还有比较更要的，是注意现在的活的人生问题，这就是做人应有的态度。现在我举两个可模范的大哲学家来做我的结论，这两大哲学家一个是古代的苏格拉底，一个是现代的笛卡尔。

苏格拉底是希腊的穷人，他觉得人生醉生梦死，毫无意义，因此到公共市场，见人就盘问，想借此得到人生的解决。有一次，他碰到一个人去打官司，他就问他，为什么要打官司？那人答道，为公理。他复问道，什么叫公理？那人便瞠目结舌不能作答。苏氏笑道：我知道我不知你，却不知道你不知呵！后来又有一个人告他的父亲不信国教，他又去盘问，那人又被问住了。因此希腊人多恨他，告他两大罪，说他不信国教，带坏少年，政府就判他的死刑。他走出来的时候，对告他的人说："未经考察过的生活，是不值得活的。你们走你们的路，我走我的路罢！"后来他就从容就刑，为找寻人生的意义而牺牲他的生命！

笛卡尔旅行的结果，觉到在此国以为神圣的事，在他国却视为下贱；在此国以为大逆不道的事，在别国却奉为天经地义；因此他觉悟到贵贱善恶是因时因地而不同的。他以为从前积下来的许多观念知识是不可靠的，因为他们多是乘他思想幼稚的时候侵入来的。如若欲过理性生活，必得将从前积得的知识，一件一件用怀疑的态度去评估他们的价值，重新建设一个理性的是非。这怀疑的态度，就是他对于人生与哲学的贡献。

现在诸君研究佛学，也应当用怀疑的态度去找出他的意义，是否真正比较得普遍适用？诸君不要怕，真有价值的东西，决不为怀疑所毁；而能被怀疑所毁的东西，决不会真有价值。我希望诸君实行笛卡尔的怀疑态度，牢记苏格拉底所说的"未经考察过的生活，是不值得活的"这句话。那么，诸君对于明阐哲学，了解人生，不觉其难了。

老子的哲学智慧

老子略传

老子的事迹，已不可考。据《史记》所说，老子是楚国人（《礼记·曾子问》正义引《史记》作陈国人），名耳，字聃，姓李氏（今本《史记》作"姓李氏，名耳，字伯阳，谥曰聃"，乃是后人据《列仙传》妄改的。《索隐》云，"许慎云，聃，耳曼也。故名耳，字聃。有本字伯阳，非正也。老子号伯阳父，此传不称也"。王念孙《读书杂志》三之四，引《索隐》此节，又《经典释文·序录》《文选注》《后汉书·桓帝纪》注，并引《史记》云老子字聃。可证今本《史记》所说是后人伪造的。后人所以要说老子字伯阳父者，因为周幽王时有个太史伯阳，后人要合两人为一人，说老子曾做幽王的官，当孔子生时，他已活了二百五十岁了）。他曾做周室"守藏室之史"。《史记·孔子世家》和《老子列传》，孔子曾见过老子。这事不知在于何年，但据《史记》，孔子与南宫敬叔同适周。又据《左传》孟僖子将死，命孟懿子与南宫敬叔从孔子学礼（昭七年）。孟僖子死于昭公二十四年二月。清人阎若璩因《礼记·曾子问》孔子曰："昔吾从老聃助葬于巷党，及堩，日有食之"，遂推算昭公二十四年，夏五月，乙未朔，巳时，日食，恰入食限。阎氏因断定孔子适周见老子在昭公二十四年，当孔子三十四岁（《四书释地续》）。这话很像可信，但还有可疑之处：一则《曾子问》是否可信；二则南宫敬叔死了父亲，不到三个月，是否可同孔子适周；三则《曾子问》所说日食，即便可信，难保不是昭公三十一年的日食。但无论如何，孔子适周，终在他三十四岁以后，当西历纪元前518年以后。大概孔子见老子在三十四岁（西历前518年，日食）与四十一岁（定五年，西历前511年，日食）之间。老子比孔子至多不过大二十岁，老子当生于周灵王初年，当西历前570年左右。

老子死时，不知在于何时。《庄子·养生主》篇明记老聃之死。《庄子》这一段文字决非后人所能假造的，可见古人并无老子"入关仙去"，"莫知所终"的神话。《史记》中老子活了"百有六十余岁""二百余岁"的话，大概也是后人加入的。老子即享高寿，至多不过活了九十多岁罢了。

上文说老子"名耳，字聃，姓李氏"，何以又称老子呢？依我看来，那些"生而皓首，故称老子"的话，固不足信（此出《神仙传》，谢无量《中国哲学史》用之）；"以其年老，故号其书为《老子》"（《高士传》）也不足信。我以为"老子"之称，大概不出两种解说：

（一）"老"或是字。《春秋》时人往往把"字"用在"名"的前面，例如：叔梁（字）纥（名），孔父（字）嘉（名），正（字）考父（名），孟明（字）视（名），孟施（字）舍（名），皆是。《左传》文十一年、襄十年，《正义》都说："古人连言名字者，皆先字后名。"或者老子本名聃，字耳，一字老（老训寿考，古多用为名字者，如《檀弓》晋有张老，《楚语》楚有史老）。古人名字同举，先说字而后说名，故战国时的书皆称老聃（王念孙《春秋名字解诂》及《读书杂志》俱依《索隐》说，据《说文》"聃，耳曼也"。《释名》耳字聃之意。今按朱骏声《说文通训定声》聃字下引汉《老子铭》云"聃然，老旄之貌也"。又《礼记·曾子问》注，"老聃古寿考者之号也"。是聃亦有寿考之意，故名聃，字老。非必因其寿考而后称之也）。此与人称叔梁纥，正考父，都不举其姓氏，正同一例。又古人的"字"下可加"子"字、"父"字等字，例如：孔子弟子冉求字有，可称"有子"（哀十一年《左传》），故后人又称"老子"。这是一种说法。

（二）"老"或是姓。古代有氏姓的区别。寻常的小百姓，各依所从来为姓，故称"百姓""万姓"。贵族于姓之外，还有氏，如以国为氏、以官为氏之类。老子虽不曾做大官，或者源出于大族，故姓老而氏李，后人不懂古代氏族制度，把氏姓两事混作一事，故说"姓某氏"，其实这三字是错的。老子姓老，故人称老聃，也称老子。这也可备一说。这两种解说，都可通，但我们现今没有凭据，不能必定那一说是的。

革命家之老子

上篇说老子以前的时势，和那种时势所发生的思潮。老子亲见那种时势，又受了那些思潮的影响，故他的思想，完全是那个时代的产儿，完全是那个时代的反动。看他对于当时政治的评判道：

> 民之饥，以其上食税之多，是以饥。民之难治，以其上之有为，是以难治。民之轻死，以其求生之厚，是以轻死。
>
> 民不畏死，奈何以死惧之？若使民常畏死，而为奇者吾得执而杀之，孰敢？
>
> 天下多忌讳，而民弥贫；民多利器，国家滋昏；人多伎巧，奇物滋起；法令滋彰，盗贼多有。
>
> 天之道损有余而补不足。人之道则不然：损不足以奉有余。

这四段都是很激烈的议论。读者试把《伐檀》《硕鼠》两篇诗记在心里，便知老子所说"人之道损不足以奉有余"，和"民之饥以其上食税之多，是以饥"的话，乃是当时社会的实在情形。更回想《苕之华》诗"知我如此，不如无生"的话，便知老子所说"民不畏死""民之轻死，以其求生之厚，是以轻死"的话，也是当时的实在情形。人谁不求生？到了"知我如此，不如无生"的时候，束手安分也是死，造反作乱也是死，自然轻死，自然不畏死了。

还有老子反对有为的政治，主张无为无事的政治，也是当时政治的反动。凡是主张无为的政治哲学，都是干涉政策的反动。因为政府用干涉政策，却又没干涉的本领，越干涉越弄糟了，故挑起一种反动，主张放任无为。欧洲十八世纪的经济学者政治学者，多主张放任主义，正为当时的政府实在太腐败无能，不配干涉人民的活动。老子的无为主义，依我看来，也是因为当时的政府不配有为，偏要有为；不配干涉，偏要干涉，所以弄得"天下多忌讳而民弥贫；民多利器，国家滋昏；法令滋彰，盗贼多有"。上篇所引《瞻卬》诗说的，"人有土田，女反有之；人有民人，女覆夺之；此宜无罪，女反收之；彼宜有罪，女覆说之，"那种虐政的效果，可使百姓人人有"匪鹑匪鸢，翰飞戾天；匪鳣匪鲔，潜逃于渊"的感想（老子尤恨当时的兵祸连年，故书中屡攻击武力政策。如"师之所处荆棘生焉，大军之后必有凶年""兵者不祥之器""天下无道，戎马生于郊"皆是）。故老子说："民之难治，以其上之有为，是以难治。"

老子对于那种时势，发生激烈的反响，创为一种革命的政治哲学。他说：

> 大道废，有仁义；智慧出，有大伪；六亲不和，有孝慈；国家昏乱，有忠臣。

所以他主张：

> 绝圣弃智，民利百倍；绝仁弃义，民复孝慈；绝巧弃利，盗贼无有！

这是极端的破坏主义。他对于国家政治，便主张极端的放任。他说：

> 治大国若烹小鲜。（河上公注，烹小鱼不去肠，不去鳞，不敢挠，恐其糜也）

又说：

> 我无为而民自化，我好静而民自正，我无事而民自富，我

无欲而民自朴。其政闷闷，其民醇醇；其政察察，其民缺缺。

又说：

> 太上，下知有之。其次，亲而誉之。其次，畏之。其次，侮之。信不足，焉有不信（焉，乃也）。犹兮其贵言（贵言，不轻易其言也。所谓"行不言之教"是也）。功成事遂，百姓皆谓我自然。

老子理想中的政治，是极端的放任无为，要使功成事遂，百姓还以为全是自然应该如此，不说是君主之功。故"太上，下知有之"，是说政府完全放任无为，百姓的心里只觉得有个政府的存在罢了；实际上是"天高皇帝远"，有政府和无政府一样。"下知有之"，《永乐大典》本及吴澄本，皆作"不知有之"；日本本作"下不知有之"，说此意更进一层，更明显了。

我述老子的哲学，先说他的政治学说。我的意思要人知道哲学思想不是悬空发生的。有些人说，哲学起于人类惊疑之念，以为人类目睹宇宙间万物的变化生灭，惊叹疑怪，要想寻出一个满意的解释，故产生哲学。这话未必尽然。人类的惊疑心可以产生迷信与宗教，但未必能产生哲学。人类见日月运行，雷电风雨，自然生惊疑心。但他一转念，便说日有日神，月有月神；雷有雷公，电有电母；天有天帝，病有病魔；于是他的惊疑心，便有了满意的解释，用不着哲学思想了。即如希腊古代的宇宙论，又何尝是惊疑的结果？那时代欧亚非三洲古国，如埃及、巴比伦、犹太等国的宗教观念和科学思想，与希腊古代的神话宗教相接触，自然起一番冲突，故发生"宇宙万物的本源究竟是什么"的问题，并不是泰尔史（Thales）（今译泰勒斯）的惊奇心忽然劈空提出这个哲学问题的。在中国的一方面，最初的哲学思想，全是当时社会政治的现状所唤起的反动。社会的阶级秩序已破坏混乱了，政治的组织不但不能救补维持，并且呈现同样的腐败纷乱。当时的有心人，目睹这种现状，要想寻一个补救的方法，于是有老子的政治思想。但是老子若单有一种革命的政治学说，也还算不得根本上的解决，也还算不得哲学。老子观察政治社会的状态，从根本上着想，要求一个根本的解决，遂为中国哲学的始祖。他的政治上的主张，也只是他的根本观念的应用。如今说他的根本观念是什么。

老子论天道

老子哲学的根本观念是他的天道观念。老子以前的天道观念，都把天看作一个有意志，有知识，能喜能怒，能作威作福的主宰。试看《诗经》中说"有命自天，命此文王"（《大明》）；又屡说"帝谓文王"（《皇矣》），是天有意志。"天监在下"，"上帝临汝"（《大明》）；"皇矣上帝，监下有赫，监观四方，求民之莫"（《皇矣》），是天有知识。"有皇上帝，伊谁云憎？"（《正月》）"敬天之怒，无敢戏豫；敬天之渝，无敢驰驱"（《板》），是天能喜怒。"昊天不傭，降此鞠凶；昊天不惠，降此大戾"（《节南山》）；"天降丧乱，降此蟊贼"（《桑柔》）；"天降丧乱，饥馑荐臻"（《云汉》），是天能作威作福。老子生在那种纷争大乱的时代，眼见杀人、破家、灭国等等惨祸，以为若有一个有意志知觉的天帝，决不致有这种惨祸。万物相争相杀，人类相争相杀，便是天道无知的证据。故老子说：

天地不仁，以万物为刍狗。

这仁字有两种说法：第一，仁是慈爱的意思。这是最明白的解说。王弼说："地不为兽生刍而兽食刍，不为人生狗而人食狗。无为于万物，而万物各适其所用。"这是把不仁作无有恩意解。第二，仁即是"人"的意思。《中庸》说："仁者，人也。"《孟子》说："仁也者，人也。"刘熙《释名》说："人，仁也；仁，生物也。"不仁便是说不是人，不和人同类。古代把天看作有意志、有知识、能喜怒的主宰，是把天看作人同类，这叫做天人同类说（Anthropomorphism）。老子的"天地不仁"说，似乎也含有天地不与人同性的意思。人性之中，以慈爱为最普遍，故说天地不与人同类，即是说天地无有恩意。老子这一个观念，打破古代天人同类的谬说，立下后来自然哲学的基础。

打破古代的天人同类说，是老子的天道观念的消极一方面。再看他的积极的天道论：

> 有物混成，先天地生，寂兮寥兮，独立而不改，周行而不
> 殆，可以为天下母。吾不知其名，字之曰道，强为之名曰大。

老子的最大功劳，在于超出天地万物之外，别假设一个"道"。这个道的性质，是无声、无形；有单独不变的存在，又周行天地万物之中；生于天地万物之先，又却是天地万物的本源。这个道的作用，是：

> 大道氾兮，其可左右。万物恃之而生而不辞，功成不名
> 有，衣养万物而不为主。

道的作用，并不是有意志的作用，只是一个"自然"。自是自己，然是如此，"自然"只是自己如此（谢著《中国哲学史》云，"自然者，究极之谓也"不成话）。老子说：

> 道常无为而无不为。

道的作用，只是万物自己的作用，故说"道常无为"。但万物所以能成万物，又只是一个道，故说"而无不为"。

孔子的哲学智慧

孔子略传

孔子，字仲尼，鲁国人。生于周灵王二十一年（西历纪元前551），死于周敬王四十一年（西历纪元前479）。他一生的行事，大概中国人也都知道，不消一一的叙述了。他曾见过老子。大概此事在孔子三十四岁之后。

孔子本是一个实行的政治家。他曾做过鲁国的司空，又做过司寇。鲁定公十年，孔子以司寇的资格，做定公的傧相，和齐侯会于夹谷，很替鲁国争了些面子。后来因为他的政策不行，所以把官丢了，去周游列国。他在国外游了十三年，也不曾遇有行道的机会。到了六十八岁回到鲁国，专做著述的事业。孔子晚年最喜《周易》，那时的《周易》不过是六十四条卦辞，和三百八十四条爻辞。孔子把他的心得，做成了六十四条卦象传，三百八十四条爻象传，六十四条象辞。后人又把他的杂说纂辑成书，便是《系辞传》《文言》。这两种之中，已有许多话是后人胡乱加入的，如《文言》中论四德的一段。此外还有《杂卦》《序卦》《说卦》，更靠不住了。孔子还作了一部《春秋》。孔子自己说他是"述而不作"的。就是《易经》的诸传，也是根据原有的《周易》作的，就是《春秋》也是根据鲁国的史记作的。

此外还有许多书，名为是孔子作的，其实都是后人依托的，例如：一部《孝经》，称孔子为"仲尼"，称曾参为"曾子"，又夹许多"诗云""子曰"，可见决不是孔子做的。《孝经·钩命诀》说的"吾志在《春秋》，行在《孝经》"的话，也是汉人假造的诳语，决不可信。

一部《论语》虽不是孔子做的，却极可靠，极有用。这书大概是孔门弟子的弟子们所记孔子及孔门诸子的谈话议论。研究孔子学说的人，须用这书和《易传》《春秋》两书参考互证，此外便不可全信了。

孔子本有志于政治改良，所以他说：

> 苟有用我者，期月而已可也。三年有成。

又说：

> 如有用我者，吾其为东周乎。

后来他见时势不合，没有政治改良的机会，所以专心教育，要想从教育上收效。他深信教育功效最大，所以说"有教无类"，又说"性相近也，习相远也"。《史记》说他的弟子有三千之多。这话虽不知真假，但是他教学几十年，周游几十国，他的弟子必定不少。

孔子的性情德行，是不用细述的了。我且引他自己说自己的话：

> 饭疏食，饮水，曲肱而枕之，乐亦在其中矣。不义而富且贵，于我如浮云。

这话虽不像"食不厌精脍不厌细""席不正不坐""割不正不食"的人的口气，却很可因以想见孔子的为人。他又说他自己道：

> 其为人也，发愤忘食，乐以忘忧，不知老之将至云尔。

这是何等精神！《论语》说：

> 子路宿于石门，晨门曰："奚自？"子路曰："自孔氏。"曰："是知其不可而为之者欤？"

"知其不可而为之"七个字写出一个孳孳恳恳终身不倦的志士。

孔子的时代

孟子说孔子的时代，是

> 邪说暴行有作：臣弑其君者有之，子弑其父者有之。

这个时代既叫做邪说暴行的时代，且看是些什么样的邪说暴行。

第一，"暴行"就是孟子所说的"臣弑其君，子弑其父"了。《春秋》二百四十年中，共有弑君三十六次，内中有许多是子弑父的，如楚太子商臣之类。此外还有贵族世卿专权窃国，如齐之田氏，晋之六卿，鲁之三家。还有种种丑行，如鲁之文姜，陈之夏姬，卫之南子、弥子瑕。怪不得那时的隐君子要说：

> 滔滔者，天下皆是也，而谁与易之？

第二，"邪说"一层，孟子却不曾细述。我如今且把那时代的"邪说"略举几条。

（一）老子。老子的学说，在当时真可以算得"大逆不道"的"邪说"了。你看他说"民之饥以其上食税之多"，又说"圣人不仁"，又说"民不畏死，奈何以死畏之？"又说"绝仁弃义，民复孝慈；绝圣去知，民利百倍。"这都是最激烈的破坏派的理想。

（二）少正卯。孔子作司寇，七日便杀了一个"乱政大夫少正卯"。有人问他为什么把少正卯杀了。孔子数了他的三大罪：

一、其居处足以撮徒成党。

二、其谈话足以饰邪荧众。

三、其强御足以反是独立。

这三件罪名，译成今文，便是"聚众结社，鼓吹邪说，淆乱是非"。

（三）邓析。孔子同时思想界的革命家，除了老子，便该算邓析。邓析是郑国人，和子产、孔子同时。《左传》鲁定公九年（西历前501），"郑驷颛杀邓析而用其竹刑"。那时子产已死了二十一年（子产死于昭公二十年，西历前522），《吕氏春秋》和《列子》都说邓析是子产杀的，这话恐怕不确。第一，因为子产是极不愿意压制言论自由的。《左传》说：

> 郑人游于乡校以论执政。然明谓子产曰："毁乡校，何如？"
>
> 子产曰："何为？夫人朝夕退而游焉，以议执政之善否。其所善
> 者，吾则行之。其所恶者，吾则改之。是吾师也。若之何毁之？"

可见子产决不是杀邓析的人。第二，子产铸刑书，在西历前536年。驷颛
用竹刑，在西历前501年。两件事相差三十余年。可见子产铸的是"金
刑"，驷颛用的是"竹刑"，决不是一件事（金刑还是极笨的刑鼎，竹刑
是可以传写流通的刑书）。

邓析的书都散失了。如今所传的《邓析子》，乃是后人假造的。我看
一部《邓析子》，只有开端几句或是邓析的话。那几句是：

> 天于人无厚也。君于民无厚也。……何以言之？天不能屏
> 悖厉之气，全天折之人，使为善之民必寿，此于民无厚也。凡民
> 有穿窬为盗者，有诈伪相迷者，此皆生于不足，起于贫穷。而君
> 必欲执法诛之，此于民无厚也。

这话和老子"天地不仁"的话相同，也含有激烈的政治思想。

《列子》书说："邓析操两可之说，设无穷之辞。"《吕氏春秋》说：

> 邓析……与民之有狱者约，大狱一衣，小狱襦袴。民之献
> 衣襦袴而学讼者，不可胜数。以非为是，以是为非，是非无度，
> 而可与不可日变。所欲胜因胜，所欲罪因罪。

又说：

> 郑国多相悬以书者（这就是出报纸的起点）。子产令无悬
> 书，邓析致之。子产令无致书，邓析倚之（悬书是把议论张挂在
> 一处叫人观看，致书是送上门去看，倚书是混在他物里夹带去
> 看）。令无穷而邓析应之亦无穷矣。

又说：

> 洧水甚大，郑之富人有溺者。人得其死者，富人请赎之。其人
> 求金甚多，以告邓析。邓析曰："安之。人必莫之卖矣。"得死者

患之，以告邓析。邓析又答之曰："安之。此必无所更买矣。"
这种人物，简直同希腊古代的"哲人"（Sophists）一般。希腊的"哲人"所说的都有老子那样激烈，所行的也往往有少正卯、邓析那种遭忌的行为。希腊的守旧派，如梭格拉底（今译苏格拉底）、柏拉图之流，对于那些"哲人"非常痛恨。中国古代的守旧派，如孔子之流，对于这种"邪说"自然也非常痛恨。所以孔子做司寇便杀少正卯。孔子说：

> 放郑声，远佞人。郑声淫，佞人殆。

又说：

> 恶紫之夺朱也，恶郑声之乱雅乐也，恶利口之覆邦家者。

他又说：

> 天下有道，则庶人不议。

在懂得孔子的学说，必须先懂得孔子的时代，是一个"邪说横行，处士横议"的时代。这个时代的情形既是如此"无道"，自然总有许多"有心人"对于这种时势生出种种的反动。如今看来，那时代的反动大约有三种：

第一，极端的破坏派。老子的学说，便是这一派，邓析的反对政府，也属于这一派。

第二，极端的厌世派。还有些人看见时势那样腐败，便灰心绝望，隐世埋名，宁愿做极下等的生活，不肯干预世事。这一派人，在孔子的时代，也就不少。所以孔子说：

> 贤者辟世，其次辟地，其次辟色，其次辟言。……作者七人矣。

那《论语》上所记"晨门""荷蒉""丈人""长沮、桀溺"都是这一派。接舆说：

> 凤兮！凤兮！何德之衰！已而！已而！今之从政者殆而！

桀溺对子路说：

> 滔滔者，天下皆是也，而谁以易之？且而与其从辟人之士

也，岂若从辟世之士哉？

第三，积极的救世派。孔子对于以上两派，都不赞成。他对于那几个辟世的隐者，虽很原谅他们的志趣，终不赞成他们的行为。所以他批评伯夷、叔齐……柳下惠、少连诸人的行为，道：

> 我则异于是，无可无不可。

又他听了长沮、桀溺的话，便觉得大失所望，因说道：

> 鸟兽不可与同群。吾非斯人之徒与，而谁与？天下有道，
>
> 丘不与易也。

正为"天下无道"，所以他才去栖栖皇皇的奔走，要想把无道变成有道。懂得这一层，方才可懂得孔子的学说。

易

孔子生在这个"邪说暴行"的时代，要想变无道为有道，却从何处下手呢？他说：

> 臣弑其君，子弑其父，非一朝一夕之故。其所由来者渐
>
> 矣，由辨之不早辨也。《易》曰："履霜坚冰至"，盖言顺也。
>
> （《易·文言》）

社会国家的变化，都不是"一朝一夕之故"，都是渐渐变成的。如今要改良社会国家，不是"头痛医头脚痛医脚"的功夫所能办到的，必须从根本上下手。孔子学说的一切根本，依我看来，都在一部《易经》。我且先讲《易经》的哲学。

《易经》这一部书，古今来多少学者做了几屋子的书，也还讲不明白。我讲《易经》和前人不同。我以为从前一切河图、洛书、谶纬术数、先天太极，……种种议论，都是谬说。如今若要懂得《易》的真意，须先把这些谬说扫除干净。

我讲《易》，以为一部《易经》只有三个基本观念：（一）易，（二）象，（三）辞。

第一，易。易便是变易的易。天地万物都不是一成不变的，都是时时刻刻在那里变化的。孔子有一天在一条小河上，看那滚滚不绝的河水，不觉叹了一口气说道：

> 逝者如斯夫！不舍昼夜！

"逝者"便是"过去种种"。（程子说，"此道体也。天运而不已，日往则月来，寒往则暑来，水流而不息，物生而无穷，皆与道为体，运乎昼夜，未尝已也"。朱子说，"天地之化，往者过，来者续，无一息之停。"此两说大旨都不错。）天地万物，都像这滔滔河水，才到了现在，便早又成了过去，这便是"易"字的意义。

一部《易》讲"易"的状态，以为天地万物的变化，都起于一个动字。何以会有"动"呢？这都因为天地之间，本有两种原力：一种是刚性的，叫做"阳"；一种是柔性的，叫做"阴"。这刚柔两种原力，互相冲突，互相推挤，于是生出种种运动，种种变化。所以说："刚柔相推而生变化。"又说："一阴一阳之谓道。"孔子大概受了老子的影响，故他说万物变化完全是自然的，唯物的，不是唯神的（孔子受老子的影响，最明显的证据，如《论语》极推崇"无为而治"，又如"或曰，以德报怨"亦是老子的学说）。

在《易经》里，阳与阴两种原力，用"—""――"两种符号作代表。《易·系辞传》说：

> 是故易有太极，是生两仪，两仪生四象，四象生八卦。

这是代表万物由极简易的变为极繁杂的公式。此处所说"太极"并不是宋儒说的"太极图"。《说文》说："极，栋也。"极便是屋顶上的横梁，在《易经》上便是一画的"—"，"仪，匹也。"两仪便是那一对"—""――"。四象便是"⚎ ⚌ ⚏ ⚍"。由八卦变为六十四卦，便可代表种种的"天下之至赜"和"天下之至动"，却又都从一条小小的横画上生出来。这便是"变化由简而繁"的明例了。

《易经》常把乾坤（"—""――"）代表"易""简"。有了极易极简的，才有极繁赜的。所以说："乾坤其易之门耶，"又说："易简而天下之理得矣。"

　　万物变化，既然都从极简易的原起渐渐变出来，若能知道那简易的远因，便可以推知后来那些复杂的后果，所以《易·系辞传》说：

　　　　德行恒易以知险，……德行恒简以知阻。

因为如此，所以能"彰往而察来"，所以能"温故而知新"。《论语》上子张问十世以后的事可能前知吗？孔子说：不但十世，百世亦可推知。这都因孔子深信万物变化都是由简而繁，成一条前后不断的直线，所以能由前段推知后段，由前因推到后果。

　　这便是《易经》的第一个基本观念。

　　第二，象。《系辞传》说："易也者，象也。"这五个字是一部《易经》的关键。这是说一切变迁进化，都只是一个"象"的作用。要知此话怎讲，须先问这象字作何解。《系辞传》说："象也者，像也。"（像字是后人所改。古无像字。孟京虞、董姚皆作象，可证。）《韩非子》说："人希见生象也，而案其图以想其生。故诸人之所以意想者，皆谓之象。"（《解老》篇）我以为《韩非子》这种说法似乎太牵强了。象字古代大概用"相"字。《说文》："相，省视也。从目从木。"目视物，得物的形象，故相训省视。从此引申，遂把所省视的"对象"也叫做"相"（如《诗·棫朴》"金玉其相"之相）。后来相人术的相字，还是此义。相字既成专门名词，故普通的形相遂借用同音的"象"字（如僖十五年《左传》，"物生而后有象"）。引申为象效之意。凡象效之事，与所仿效的原本，都叫做"象"。这一个湾可转得深了。本来是"物生而后有象"，象是仿本，物是原本。到了后来把所仿效的原本叫做象，如画工画虎，所用作模型的虎也是"象"（亦称法象），便是把原本叫作"象"了。例如《老子》说：

　　　　道之为物，惟恍惟惚。惚兮恍兮，其中有象。恍兮惚兮，
　　其中有物。

有人根据王弼注，以为原本当是"恍兮惚兮，其中有物"二句在先，"惚兮恍兮，其中有象"二句应在后。这是"物生而后有象"的说

法。却不知道老子偏要说"象生而后有物"。他前文曾说"无物之象"可以作证。老子的意思大概以为先有一种"无物之象",后来在这些法象上渐渐生出万物来。故先说"其中有象",后说"其中有物"。但这个学说,老子的书里不曾有详细的发挥。孔子接着这个意思,也主张"象生而后有物"。象是原本的模型,物是仿效这模型而成的。《系辞传》说:

> 在天成象,在地成形,变化见矣。

这和老子先说"有象",后说"有物"同一意思。"易也者,象也;象也者,像也。"正是说易(变化)的道理只是一个象效的作用。先有一种法象,然后有仿效这法象而成的物类。

以上说《易经》的象字是法象之意(法象即是模范)。孔子以为人类历史上种种文物制度的起源都由于象,都起于仿效种种法象。这些法象,大约可分两种:一种是天然界的种种"现象"(如云"天垂象,见吉凶,圣人则之");一种是物象所引起的"意象",又名"观念"。《系辞传》说:

> 古者庖牺氏之王天下也,仰则观象于天,俯则观法于地,观鸟兽之文与地之宜,近取诸身,远取诸物,于是始作八卦,以通神明之德,以类万物之情。
>
> 作结绳而为网罟,以佃以渔,盖取诸离。(☲☲)
>
> 庖牺氏没,神农氏作,斫木为耜,揉木为耒,……盖取诸益。(☴☳)
>
> 日中为市,致天下之民,聚天下之货,交易而退,各得其所,盖取诸噬嗑。(☲☳)
>
> 神农氏没,黄帝尧舜氏作,……垂衣裳而天下之治,盖取诸乾坤。
>
> 刳木为舟,剡木为楫,……盖取诸涣。(☴☵)
>
> 服牛乘马,引重致远,……盖取诸随。(☱☳)
>
> 重门击柝,以待暴客,……盖取诸豫。(☳☷)

断木为杵，掘地为臼，……盖取诸小过。（☳☶）

弦木为弧，剡木为矢，……盖取诸睽。（☲☱）

上古穴居而野处。后世圣人易之以宫室，上栋下宇，以待风雨，盖取诸大壮。（☳☰）

古之葬者，厚衣之以薪，葬之中野，不封不树，丧期无数。后世圣人易之以棺椁，盖取诸大过。（☱☴）

上古结绳而治。后世圣人易之以书契，百官以治，万民以察，盖取诸夬。（☱☰）

这一大段说的有两种象：第一是先有天然界的种种"现象"，然后有庖牺氏观察这些"现象"，起了种种"意象"，都用卦来表出。这些符号，每个或代表一种"现象"，或代表一种"意象"。例如☲是火，☵是水，是两种物象。☲☵是未济（失败），☵☲是既济（成功），是两种意象。

后来的圣人从这些物象意思上，又生出别的新意象来，例如☴☵（涣）代表一个"风行水上"（或"木在水上"）的意象。后人从这意象上忽然想到一个"船"的意象，因此便造出船来。所以说：

剡木为舟，剡木为楫，……盖取诸涣。

又如☳☶（小过）代表一个"上动下静"的意象。后人见了这个观念，忽然想到一种上动下静的物事的意象，因此便造出杵臼来。所以说：

断木为杵，掘地为臼，……盖取诸小过。

又如☱☴（大过）代表一个"泽灭木"的意象。后人见了这个意象，忽然发生两个意象：一是怕大水浸没了他的父母的葬地，若不封不树，便认不出来了；一是怕大水把那柴裹的死尸要浸烂了。因此便生出"棺椁"的意象来，造作棺椁，以免"泽灭木"的危险。所以说：

古之葬者，厚衣之以薪，葬之中野，不封不树，丧期无数。后世圣人易之以棺椁，盖取诸大过。

又如☱☰（夬）代表"泽上于天"，是一个大雨的意象。后人见了，忽然生出一个普及博施的意象。因此又想起古代结绳的法子，既不能行远，又不能传后，于是便又生出一个普及博施的"书契"的意象。从这个观念上，才有书契文字的制度。所以说：

> 上古结绳而治。后世圣人易之以书契，……盖取诸夬。

以上所说古代器物制度的原起，未必件件都合着历史的事实。但是孔子对于"象"的根本学说，依我看来，是极明白无可疑的了。这个根本学说是人类种种的器物制度都起于种种的"意象"。

六十四章《象传》全是这个道理，例如☷☶（蒙）是一个"山下出泉"的意象。山下出泉，是水的源头。后人见了，便生出一个"儿童教育"的意象。所以说："蒙，君子以果行育德。"又如☱☳（随）和☷☳（复），一个代表"雷在泽中"，一个代表"雷在地下"，都是收声蛰伏的雷。后人见了，因生出一个"休息"的意象。所以由"随"象上，生出夜晚休息的习惯；又造出用牛马引重致远以节省人力的制度。由"复"象上，也生出"七日来复"，"至日闭关，商旅不行，后不省方"的假期制度。又如☴☰（姤）代表"天下有风"的意象，后人因此便想到"天下大行"的意象，于是造出"施命诰四方"的制度。又如☴☷（观）代表"风行地上"，和上文的"姤"象差不多。后人从这个意象上，便造出"省方观民设教"的制度。又如☷☶（谦）代表"地中有山"，山在地下，是极卑下的意象。后人见了这个意象，便想到人事高下多寡的不均平。于是便发生一种"捊多益寡，称物平施"的观念。又如☶☰（大畜）代表"天在山中"，山中看天，有如井底观天，是一个"识见鄙陋"的意象。后人因此便想到补救陋识的方法，所以说："天在山中，大畜，君子以多识前言往行，以畜其德。"

以上所说，不过是随便乱举几卦作例。但是据这些例看来，已可见孔子的意思，不但说一切器物制度，都是起于种种意象，并且说一切人生道德礼俗也都是从种种意象上发生出来的。

因为"象"有如此重要，所以说：

> 易有圣人之道四焉，……以制器者尚其象。

> 形而上者谓之道，形而下者谓之器，化而裁之谓之变，推
> 而行之谓之通，举而措之天下之民谓之事业。

又说：

> 是故阖户谓之坤，辟户谓之乾。一阖一辟谓之变，往来不
> 穷谓之通。见乃谓之象，形乃谓之器。制而用之谓之法，利用出
> 入民咸用之谓之神。

那种种开阖往来变化的"现象"，到了人的心目中，便成"意象"。这种
种"意象"，有了有形体的仿本，便成种种"器"。制而用之，便成种种
"法"（法是模范标准）。举而措之天下之民，便成种种"事业"。到了
"利用出入民咸用之"的地位，便成神功妙用了。

"象"的重要既如上文所说，可见"易也者，象也"一句，真是一部
《易经》的关键。一部《易经》只是一个"象"字。古今说易的人，不懂
此理，却去讲那些"分野""爻辰""消息""太一""太极"，……种
种极不相干的谬说，所以越讲越不通了。（清代汉学家过崇汉学，欲重兴
汉诸家易学。惠栋、张惠言，尤多钩沉继绝之功。然汉人易学实无价值，
焦赣、京房、翼奉之徒，皆"方士"也。郑玄、虞翻皆不能脱去汉代"方
士"的臭味。王弼注《易》，扫空汉人陋说，实为易学一大革命。其注虽
不无可议，然高出汉学百倍矣。惠、张诸君之不满意于宋之"道士易"是
也。其欲复兴汉之"方士易"则非也。）

这是《易》的第二个基本观念。

第三，辞。《易经》六十四卦，三百八十四爻，每卦每爻都有一个
"象"，但是单靠"象"也还不够。因为：

> 易有四象，（适按：此处象与辞对称，不当有"四"字。
> 此涉上文而误也。因此一字，遂使诸儒聚讼"四象"是何物，终
> 不能定。若衍此字，则毫不废解矣。）所以示也。系辞焉，所以
> 告也。圣人立象以尽意，设卦以尽情伪，系辞焉以尽其言。

"象"但可以表示各种"意象"。若要表示"象"的吉凶动静，须要用

"辞"。例如：☷☶（谦）但可表示"地中有山"的意象，却不能告人这"象"的吉凶善恶。于是作为卦辞道：

> ☷☶谦亨，君子有终。

这便可指出这一卦的吉凶悔吝了。又如谦卦的第一爻，是一个阴爻，在谦卦的最下层，真可谓谦之又谦，损之又损了。但单靠这一画，也不能知道他的吉凶，所以须有爻辞道：

> 初六，谦谦君子，用涉大川，吉。

这便指出这一爻的吉凶了。

"辞"的作用在于指出卦象或爻象的吉凶。所以说：

> 系辞焉以断其吉凶。

又说：

> 辨吉凶者存乎辞。

辞字从䛅辛，《说文》云："辞，讼也（段依《广韵》作'说也'）。从䛅辛，犹理辜也。"朱骏声说："分争辩讼谓之辞。《后汉·周纾传》'善为辞案条教'注，辞案，犹今案牍也。"辞的本义是争讼的"断语""判辞"。《易经》的"辞"，都含"断"字"辨"字之意。在名学上，象只是"词"（Term），是"概念"（Concept），辞即是"辞"，亦称"判断"（Judgment）。例如"谦亨"一句，谦是"所谓"，亨是"所以谓"，合起来成为一辞。用"所以谓"来断定"所谓"，故叫做辞，（西文Judgment本义是讼狱的判辞。）

《系辞传》有辞的界说道：

> 是故卦有大小，辞有险易。辞也者各指其所之。

"之"是趋向。卦辞爻辞都是表示一卦或一爻的趋向如何，或吉或凶，或亨或否，叫人见了便知趋吉避凶。所以说"辞也者，各指其所之"。又说，

> 圣人有以见天下之赜，而拟诸形容，象其物宜，是故谓之象。圣人有以见天下之动，而观其会通，以行其典礼，系辞焉以断其吉凶，是故谓之爻（爻字似当作辞。下文作辞，可证）。极

　　天下之赜者存乎卦，鼓天下之动者存乎辞。

象所表示的，是"天下之赜"的形容物宜。辞所表示的，是"天下之动"的会通吉凶。象是静的，辞是动的；象表所"像"，辞表何之。

　　"天下之动"的动，便是"活动"，便是"动作"。万物变化，都由于"动"，故说：

　　吉凶悔吝者，生乎动者也。

又说：

　　吉凶者，失得之象也。悔吝者，忧虑之象也。

　　吉凶者，言乎其失得也。悔吝者，言乎其小疵也。

动而"得"，便是吉；动而"失"，便是凶；动而有"小疵"，便是悔吝。"动"有这样重要，所以须有那些"辞"来表示各种"意象"动作时的种种趋向，使人可以趋吉避凶，趋善去恶。能这样指导，便可鼓舞人生的行为。所以说："鼓天下之动者存乎辞。"又说：

　　天地之大德曰生。圣人之大宝曰位。何以守位曰人，何以

聚人曰财。理财正辞禁民为非曰义。

辞的作用，积极一方面，可以"鼓天下之动"；消极一方面，可以"禁民为非"。

　　这是《易经》的第三个基本观念。

　　这三个观念，（一）易，（二）象，（三）辞，便是《易经》的精华。孔子研究那时的卜筮之《易》，竟能找出这三个重要的观念：第一，万物的变动不穷，都是由简易的变作繁赜的。第二，人类社会的种种器物制度礼俗，都有一个极简易的原起，这个原起，便是"象"。人类的文明史，只是这些"法象"实现为制度文物的历史。第三，这种种"意象"变动作用时，有种种吉凶悔吝的趋向，都可用"辞"表示出来，使人动作都有仪法标准，使人明知利害，不敢为非。——这就是我的《易论》。我且引一段《系辞传》作这篇的结束：

　　圣人有以见天下之赜，而拟诸形容，象其物宜，是故谓之

"象"。圣人有以见天下之动，而观其会通，以行其典礼，系辞焉以断其吉凶，是故谓之爻（爻似当作辞。说见上）。言天下之至赜而不可亚也（亚字从荀本）。言天下之至动而不可乱也。拟之而后言，仪之而后动（仪旧作议。《释文》云，"陆姚桓元荀柔之作仪。"适按：作仪是也。仪，法也。与上文拟字对文）。拟仪以成其变化。

"象"与"辞"都是给我们摹拟仪法的模范。

正名主义

孔子哲学的根本观念，依我看来，只是上篇所说的三个观念：

第一，一切变迁都是由微变显，由简易变繁赜。所以说：

臣弑其君，子弑其父，非一朝一夕之故，其所由来者渐矣，由辨之不早辨也。《易》曰，"履霜坚冰至"，盖言顺也。

知道一切变迁都起于极微极细极简易的，故我们研究变迁，应该从这里下手。所以说：

夫易，圣人之所以极深而研几也（韩注，"极未形之理曰深，适动微之会曰几"）。唯深也，故能通天下之志；唯几也，故能成天下之务。

"深"是隐藏未现的。"几"字《易·系辞》说得最好。

几者动之微吉凶之先见者也（旧无凶字，义不可通。今按孔颖达《正义》云："诸本或有凶字者，其定本则无也。"是唐时尚有凶字之本。今据增）。

孔子哲学的根本观念，只是要"知几"，要"见几"，要"防微杜渐"。大凡人生哲学（即伦理学），论人生行为的善恶，约分两大派：一派注重"居心"，注重"动机"；一派注重行为的效果影响。孔子的人生哲学，属于"动机"一派。

第二，人类的一切器物制度礼法，都起于种种"象"。换言之，

"象"便是一切制度文物的"几"。这个观念，极为重要。因为"象"的应用，在心理和人生哲学一方面就是"意"，就是"居心"（孟子所谓"以仁存心，以礼存心"之存心）。就是俗话说的"念头"。在实际一方面，就是"名"，就是一切"名字"（郑玄说，古曰名，今曰字）。"象"的学说，于孔子的哲学上，有三层效果：（一）因为象是事物的"动机"，故孔子的人生哲学，极注重行为的"居心"和"动机"。（二）因为"象"在实际上，即是名号名字，故孔子的政治哲学主张一种"正名"主义。（三）因为象有仿效模范的意思，故孔子的教育哲学和政治哲学，又注重标准的榜样行为，注重正己以正人，注重以德化人。

第三，积名成"辞"，可以表示意象动作的趋向，可以指出动作行为的吉凶利害，因此可以作为人生动作的向导。故说：

　　理财正辞，禁民为非，曰义。

"正辞"与"正名"只是一事。孔子主张"正名""正辞"，只是一方面要鼓天下之动，一方面要禁民为非。

以上所说，是孔子哲学的重要大旨。如今且先说"正名主义"。

正名主义，乃是孔子学说的中心问题。这个问题的重要，见于《论语·子路》篇：

　　子路曰："卫君待子而为政，子将奚先？"

　　子曰："必也正名乎！"（马融注，正百事之名）

　　子路曰："有是哉，子之迂也！奚其正？"

　　子曰："野哉由也！君子于其所不知，盖阙如也。名不正，则言不顺。言不顺，则事不成。事不成，则礼乐不兴。礼乐不兴，则刑罚不中。刑罚不中，则民无所措手足。故君子名之必可言也，言之必可行也。君子于其言，无所苟而已矣。"

请看名不正的害处，竟可致礼乐不兴，刑罚不中，百姓无所措手足。这是何等重大的问题！如今且把这一段仔细研究一番：

怎么说"名不正则言不顺"呢？"言"是"名"组合成的。名字的意义若没有正当的标准，便连话都说不通了。孔子说：

> 觚不觚，觚哉？觚哉？

"觚"是有角之形（《汉书·律历志》，"成六觚"。苏林曰："六觚，六角也。"又《郊祀志》，"八觚宣通，象八方"。师古曰："觚，角也。"班固《西都赋》"上觚棱而栖金爵"，注云："觚，八觚，有隅者也。"可证），故有角的酒器，叫做"觚"。后来把觚字用泛了，凡酒器可盛三升的，都叫做"觚"，不问他有角无角。所以孔子说："现在觚没有角了。这也是觚吗？这也是觚吗？"不是觚的都叫做"觚"，这就是言不顺。且再举一例。孔子说：

> 政者，正也。子率以正，孰敢不正？

政字从正，本有正意。现今那些昏君贪官的政府，也居然叫做"政"，这也是"言不顺"了。

这种现象，是一种学识思想界昏乱"无政府"的怪现象。语言文字（名）是代表思想的符号。语言文字没有正确的意义，还用什么来做是非真假的标准呢？没有角的东西可叫做"觚"，一班暴君污吏可叫做"政"，怪不得少正卯、邓析一般人，要"以非为是，以是为非，是非无度，而可与不可日变"（用《吕氏春秋》语）了。

孔子当日眼见那些"邪说暴行"，以为天下的病根在于思想界没有公认的是非真伪的标准。所以他说：

> 天下有道，则庶人不议。

他的中心问题，只是要建设一种公认的是非真伪的标准。建设下手的方法便是"正名"。这是儒家公有的中心问题。试引荀卿的话为证：

> 今圣王没，名守慢，奇辞起，名实乱，是非之形不明，则虽守法之吏，诵数之儒，亦皆乱也。……异形离心交喻，异物名实互纽；贵贱不明，同异不别，如是，则志必有不喻之患，而事必有困废之祸。（《荀子·正名》篇）

不正名则"志必有不喻之患，而事必有困废之祸"，这两句可作孔子"名不正则言不顺，言不顺则事不成"两句的正确注脚。

怎么说"事不成则礼乐不兴，礼乐不兴则刑罚不中"呢？这是说是非真伪善恶，若没有公认的标准，则一切别的种种标准如礼乐刑罚之类，都不能成立。正如荀卿说的："名守慢，奇辞起，名实乱，是非之形不明，则虽守法之吏，诵数之儒，亦皆乱也。"

"正名"的宗旨，只要建设是非善恶的标准，已如上文所说。这是孔门政治哲学的根本理想。《论语》说：

> 齐景公问政于孔子，孔子对曰："君君臣臣，父父子子。"公曰："善哉！信如君不君，臣不臣，父不父，子不子，虽有粟，吾得而食诸？"

"君君臣臣，父父子子"，也只是正名主义。正名的宗旨，不但要使觚的是"觚"，方的是"方"，还须要使君真是君，臣真是臣，父真是父，子真是子。不君的君，不臣的臣，不子的子，和不觚的觚，有角的圆，是同样的错谬。

如今且看孔子的正名主义如何实行。孟子说：

> 世衰道微，邪说暴行有作。臣弑其君者有之，子弑其父者有之。孔子惧，作《春秋》。《春秋》，天子之事也。是故孔子曰："知我者，其惟《春秋》乎！罪我者，其惟《春秋》乎！"

又说：

> 昔者禹抑洪水而天下平。周公兼夷狄，驱猛兽，而百姓宁。孔子成《春秋》，而乱臣贼子惧。

一部《春秋》便是孔子实行正名的方法。《春秋》这部书，一定是有深意"大义"的，所以孟子如此说法。孟子又说：

> 王者之迹熄而诗亡，诗亡，然后《春秋》作。晋之《乘》，楚之《梼杌》，鲁之《春秋》，一也。其事则齐桓、晋文，其文则史。孔子曰："其义则丘窃取之矣。"

《庄子·天下》篇也说："《春秋》以道名分。"这都是论《春秋》最早的话，该可相信。若《春秋》没有什么"微言大义"，单是一部史书，那真不如"断烂朝报"了。孔子不是一个全无意识的人，似乎不至于做出这样极不可读的史书。

论《春秋》的真意，应该研究《公羊传》和《榖梁传》，晚出的《左传》最没有用。我不主张"今文"，也不主张"古文"，单就《春秋》而论，似乎应该如此主张。

《春秋》正名的方法，可分三层说：

第一，正名字。《春秋》的第一个方法，是要订正一切名字的意义。这是言语学、文法学的事业。今举一例，《春秋》说：

> 僖公十有六年，春王正月，戊申朔，陨石于宋，五。是月，六鹢退飞，过宋都。
>
> （《公羊传》）曷为先言"霣"而后言"石"？霣石记闻。闻其磌然，视之则"石"，察之则"五"。是月者何？仅逮是月也。……曷为先言"六"而后言"鹢"？六鹢退飞，记见也。视之则"六"，察之则"鹢"，徐而察之，则退飞。……
>
> （《榖梁传》）"陨石于宋，五。"先"陨"而后"石"，何也？"陨"而后"石"也。于宋四境之内曰"宋"。后数，散辞也，耳治也。"是月也，六鹢退飞，过宋都。""是月也"，决不日而月也。"六鹢退飞过宋都"，先数，聚辞也，目治也。……君子之于物，无所苟而已。石鹢且犹尽其辞，而况于人乎？故五石六鹢之辞不设，则王道不亢矣。
>
> （董仲舒《春秋繁露·深察名号》篇）《春秋》辨物之理以正其名，名物如其真，不失秋毫之末，故名霣石则后其"五"，言退鹢则先其"六"。圣人之谨于正名如此。"君子于其言，无所苟而已矣。"五石六鹢之辞是也。

"《春秋》辨物之理以正其名，名物如其真"，这是正名的第一义。古书辨文法上词性之区别，莫如《公羊》《穀梁》两传。《公羊传》讲词性更精。不但名词（如车马曰赗，货财曰赙，衣服曰襚之类）、动词（如春曰苗，秋曰蒐，冬曰狩，春曰祠，夏曰礿，秋曰尝，冬曰烝，直来曰来，大归曰来归等）分别得详细，并且把状词（如既者何，尽也）、介词（如及者何，累也）、连词（如遂者何，生事也，乃者何，难之也，之类）之类，都仔细研究文法上的作用。所以我说《春秋》的第一义，是文法学言语学的事业。

第二，定名分。上一条是"别同异"，这一条是"辨上下"。那时的周天子久已不算什么东西。楚吴都已称王，此外各国，也多拓地灭国，各自称雄。孔子眼见那纷争无主的现象，回想那封建制度最盛时代，井井有条的阶级社会，真有去古日远的感慨。所以《论语》说：

> 孔子谓季氏八佾舞于庭，是可忍也，孰不可忍也！

读这两句，可见他老人家气得胡子发抖的神气！《论语》又说：

> 三家者，以《雍》彻。子曰"相维辟公，天子穆穆"，奚取于三家之堂？

孔子虽明知一时做不到那"天下有道，礼乐征伐自天子出"的制度，他却处处要保存那纸上的封建阶级。所以《春秋》于吴楚之君，只称"子"，齐晋只称"侯"，宋虽弱小，却称"公"。践土之会，明是晋文公把周天子叫来，《春秋》却说是"天王狩于河阳"。周天子的号令，久不行了，《春秋》每年仍旧大书"春王正月"。这都是"正名分"的微旨。《论语》说：

> 子贡欲去告朔之饩羊，子曰："赐也，尔爱其羊，我爱其礼。"

这便是《春秋》大书"春王正月"一类的用意。

第三，寓褒贬。《春秋》的方法，最重要的，在于把褒贬的判断寄托在记事之中。司马迁《史记·自序》引董仲舒的话道：

> 夫《春秋》上明三王之道，下辨人事之纪，别嫌疑，明是非，定犹豫，善善恶恶，贤贤贱不肖，……王道之大者也。

善善恶恶，贤贤贱不肖，便是褒贬之意。上章说"辞"字本有判断之意，故"正辞"可以"禁民为非"。《春秋》的"书法"，只是要人看见了生畏惧之心，因此趋善去恶。即如《春秋》书弑君三十六次，中间很有个分别，都寓有"记者"褒贬的判断。如下举的例：

（例一）（隐四年三月戊申）卫州吁弑其君完。

（例二）（隐四年九月）卫人杀州吁于濮。

（例三）（桓二年春王正月戊申）宋督弑其君与夷及其大夫孔父。

（例四）（文元年冬十月丁未）楚世子商臣弑其君頵（《公》《穀》皆作髡）。

（例五）（文十六年）宋人弑其君杵臼。

（例六）（文十八年冬）莒弑其君庶其。

（例七）（宣二年秋九月乙丑）晋赵盾弑其君夷皋。

（例八）（成十八年春王正月庚申）晋弑其君州蒲。

即举此八例，可以代表《春秋》书弑君的义例。（例一）与（例三、四、七）同是书明弑者之名，却有个分别。（例一）是指州吁有罪。（例三）带着褒奖与君同死的大夫。（例四）写"世子商臣"以见不但是弑君，又是弑父，又是世子弑父。（例七）虽与（例一）同式，但弑君的人，并不是赵盾，乃是赵穿。因为赵盾不讨贼，故把弑君之罪责他。这四条是称臣弑君之例。（例二、五、六、八）都是称君不称弑者之例，却也有个分别。（例二）称"卫人"，又不称州吁为君，是讨贼的意思，故不称弑，只称杀。又明说"于濮"。濮是陈地，不是卫地，这是说卫人力不能讨贼，却要借助于外国人。（例五）也称"宋人"，是责备被弑的君有该死之罪，但他究竟是正式的君主，故称"其君"。（例六）与（例八）都是称"国"弑君之例，称"人"还只说"有些人"，称"国"便含有"全国"的意思。故称国弑君，那被弑之君，一定是罪大恶极的了。（例六）是太子仆弑君，又是弑父（据《左传》）。因为死者罪该死，故不著太子仆弑君弑父之罪。（例八）是栾书、中行偃使程滑去弑君的。因为君罪恶太甚，故不罪弑君的人，却说这是国民的公意。

这种褒贬的评判，如果真能始终一致，本也很有价值。为什么呢？因为这种书法，不单是要使"乱臣贼子"知所畏惧，并且教人知道君罪该死，弑君不为罪；父罪该死，弑父不为罪（如上所举的例六是）。这是何等精神！只可惜《春秋》一书，有许多自相矛盾的书法。如鲁国几次弑君，却不敢直书。于是后人便生出许多"为尊者讳，为亲者讳，为贤者讳"等等文过的话，便把《春秋》的书法弄得没有价值了。这种矛盾之处，或者不是孔子的原文，后来被"权门"干涉，方才改了的。我想当日孔子那样称赞晋国的董狐（宣二年《左传》），岂有破坏自己的书法？但我这话，也没有旁的证据，只可算一种假设的猜想罢了。

总论《春秋》的三种方法，——正名字，定名分，寓褒贬——都是孔子实行"正名""正辞"的方法。这种学说，初看去觉得是很幼稚的。但是我们要知道这种学说，在中国学术思想上，有绝大的影响。我且把这些效果，略说一二，作为孔子正名主义的评判。

（1）语言文字上的影响。孔子的"君子于其言，无所苟而已矣"一句话，实是一切训诂书的根本观念。故《公羊》《穀梁》，都含有字典气味。董仲舒的书更多声音通假的训诂（如名训"鸣以出命"，号训謞、训效，民训瞑，性训生之类）。也有从字形上着想的训诂（如说王字为三画而连其中。《说文解字》引之）。大概孔子的正名说，无形之中，含有提倡训诂书的影响。

（2）名学上的影响。自从孔子提出"正名"的问题之后，古代哲学家都受了这种学说的影响。以后如荀子的"正名论"，法家的"正名论"不用说了。即如墨子的名学，便是正名论的反响。杨朱的"名无实，实无名"，也是这种学说的反动。我们简直可以说孔子的正名主义，实是中国名学的始祖。正如希腊梭格拉底的"概念说"，是希腊名学的始祖。

（3）历史上的影响。中国的历史学几千年来，很受了《春秋》的影响。试读司马迁《史记·自序》，及司马光《资治通鉴》论"初命三晋为诸侯"一段，及朱熹《通鉴纲目》的正统书法各段，便可知《春秋》的势力了。《春秋》那部书，只可当作孔门正名主义的参考书看，却不可当作一部模范的史书看。后来的史家把《春秋》当作作史的模范，便大错了。为什么呢？因为历史的宗旨在于"说真话，记实事"。《春秋》的宗旨，不在记实事，只在写个人心中对于实事的评判。明是赵穿弑君，却说是赵盾弑君。明是晋文公召周天子，却说是"天子狩于河阳"。这都是个人的私见，不是历史的实事。后来的史家，崇拜《春秋》太过了，所以他们作史，不去讨论史料的真伪，只顾讲那"书法"和"正统"种种谬说。《春秋》的余毒就使中国只有主观的历史，没有物观的历史。

一以贯之

《论语》说孔子对子贡道：

> 赐也，汝以予为多学，而识之者与？
>
> 对曰：然，非与？
>
> 曰：非也，予一以贯之。（十五）

何晏注这一章最好。他说：

> 善有元，事有会。天下殊途而同归，百虑而一致。知其
>
> 元，则众善举矣。故不待学而一知之。

何晏所引，乃《易·系辞传》之文。原文是：

> 子曰：天下何思何虑？天下同归而殊途，一致而百虑。天
>
> 下何思何虑？

韩康伯注这一条，也说：

> 苟识其要，不在博求。一以贯之，不虑而尽矣。

《论语》又说：

> 子曰：参乎！吾道一以贯之。
>
> 曾子曰：唯。
>
> 子出，门人问曰：何谓也？
>
> 曾子曰：夫子之道，忠恕而已矣。（四）

"一以贯之"四个字，当以何晏所说为是。孔子认定宇宙间天地万物，虽然头绪纷繁，却有系统条理可寻。所以"天下之至赜"和"天下之至动"，都有一个"会通"的条理，可用"象"与"辞"表示出来。"同归而殊途，一致而百虑"，也只是说这个条理系统。寻得出这个条理系统，便可用来综贯那纷烦复杂的事物。正名主义的目的，在于"正名以正百物"，也只是这个道理。一个"人"字，可包一切人；一个"父"字，可包一切做父的。这便是繁中的至简，难中的至易。所以孔门论知识，不要人多学而识之。孔子明说"多闻，择其善者而从之，多见而识之"，不过是"知之次也"（七）。可见真知识，在于能寻出事物的条理系统，即在于能"一以贯之"。贯字本义为穿，为通，为统。"一以贯之"即是后来荀子所说的"以一知万"，"以一持万"。这是孔子的哲学方法。一切"知几"说，"正名"主义，都是这个道理。

自从曾子把"一以贯之"解作"忠恕"，后人误解曾子的意义，以为忠恕乃是关于人生哲学的问题，所以把"一以贯之"也解作"尽己之心，推己及人"，这就错了。"忠恕"两字，本有更广的意义。《大戴礼·三朝记》说：

> 知忠必知中，知中必知恕，知恕必知外。……内思毕心
>
> （一作必）曰知中。中以应实曰知恕，内恕外度曰知外。

章太炎作《订孔》下，论忠恕为孔子的根本方法，说：

> 心能推度曰恕，周以察物曰忠。故夫闻一以知十，举一隅而以
>
> 三隅反者，恕之事也。……周以察物，举其征符，而辨其骨理者，
>
> 忠之事也。……"身观焉"，忠也。"方不障"，恕也。（《章氏
>
> 丛书·检论三》。"身观焉，方不障"见《墨子·经说下》。）

太炎这话发前人所未发。他所据的《三朝记》虽不是周末的书，但总可算得一部古书。恕字本训"如"（《苍颉》篇）。《声类》说："以心度物曰恕。"恕即是推论（Inference），推论总以类似为根据。如《中庸》说：

> 伐柯伐柯，其则不远。执柯以伐柯，睨而视之，犹以为远。

这是因手里的斧柄与要砍的斧柄同类，故可由这个推到那个。闻一知十，举一反三，都是用类似之点，作推论的根据。恕字训"如"，即含此意。忠字太炎解作亲自观察的知识（《墨子·经说下》，"身观焉，亲也。"），《周语》说："考中度衷为忠。"又说："中能应外，忠也。"中能应外为忠，与《三朝记》的"中以应实，曰知恕"同意。可见忠恕两字意义本相近，不易分别。《中庸》有一章上文说"忠恕违道不远"，是忠恕两字并举。下文紧接"施诸己而不愿，亦勿施于人"；下文又说"所求乎子以事父"一大段，说的都只是一个"恕"字。此可见"忠恕"两字，与"恕"字同意。分知识为"亲知"（即经验）与"说知"（即推论）乃是后来墨家的学说。太炎用来解释忠恕两字，恐怕有点不妥。我的意思，以为孔子说的"一以贯之"，和曾子说的"忠恕"，只是要寻出事物的条理统系，用来推论，要使人闻一知十举一反三。这是孔子的方法论，不单是推己及人的人生哲学。

孔子的知识论，因为注重推论，故注意思虑。《论语》说：

> 学而不思则罔，思而不学则殆。（二）

学与思两者缺一不可。有学无思，只可记得许多没有头绪条理的物事，算不得知识。有思无学，便没有思的材料，只可胡思乱想，也算不得知识。但两者之中，学是思的预备，故更为重要。有学无思，虽然不好，但比有思无学害还少些。所以孔子说，多闻多见，还可算得是"知之次也"。又说：

> 吾尝终日不食，终夜不寝，以思。无益，不如学也。
> （十五）

孔子把学与思两事看得一样重，初看去似乎无弊，所以竟有人把"学而不思则罔，思而不学则殆"两句来比康德的"感觉无思想是瞎的，思想无感觉是空的"。但是孔子的"学"与康德所说的"感觉"略有不同。孔子的"学"并不是耳目的经验。看他说："多闻，多见而识之"（识通志），"好古敏以求之"，"信而好古"，"博学于文"，哪一句说的是实地的观察经验？墨家分知识为三种：一是亲身的经验，二是推论的知识，三是传授的知识。孔子的"学"只是读书，只是文字上传授来的学问。所以他的弟子中，那几个有豪气的，都不满意于这种学说。那最爽快的子路驳孔子道：

有民人焉，有社稷焉，何必读书，然后为学？（十一）

这句话孔子不能驳回，只得骂他一声"佞者"罢了。还有那"堂堂乎"的子张也说：

士见危授命，见得思义，祭思敬，丧思哀，其可已矣。

（十九）

这就是后来陆九渊一派重"尊德性"而轻"道问学"的议论了。

所以我说孔子论知识注重"一以贯之"，注重推论，本来很好。只可惜他把"学"字看作读书的学问，后来中国几千年的教育，都受这种学说的影响，造成一国的"书生"废物，这便是他的流弊了。

以上说孔子的知识方法。

"忠恕"虽不完全属于人生哲学，却也可算得是孔门人生哲学的根本方法。《论语》上子贡问可有一句话可以终身行得的吗？孔子答道：

其恕乎。己所不欲，勿施于人。（十五）

这就是《大学》的絜矩之道：

所恶于上，毋以使下；所恶于下，毋以事上；所恶于前，毋以先后；所恶于后，毋以从前；所恶于右，毋以交于左；所恶于左，毋以交于右。此之谓絜矩之道。

这就是《中庸》的忠恕：

忠恕违道不远。施诸己而不愿，亦勿施于人。君子之道四，丘未能一焉：所求乎子以事父，未能也；所求乎臣以事君，未能也；所求乎弟以事兄，未能也；所求乎朋友，先施之，未能也。

这就是孟子说的"善推其所为"：

老吾老，以及人之老；幼吾幼，以及人之幼。……古之人所以大过人者，无他焉，善推其所为而已矣。（一）

这几条都只说了一个"恕"字。恕字在名学上是推论，在人生哲学一方面，也只是一个"推"字。我与人同是人，故"己所不欲，勿施于人"，故"所恶于上，毋以使下"，故"所求乎子以事父"，故"老吾老，以及人之老"。只要认定我与人同属的类，——只要认得我与人的共相，——便自然会推己及人，这是人生哲学上的"一以贯之"。

上文所说"恕"字只是要认得我与人的"共相"，这个"共相"即是"名"所表示。孔子的人生哲学，是和他的正名主义有密切关系的。古书上说，楚王失了一把宝弓，左右的人请去寻他。楚王说："楚人失了，楚人得了，何必去寻呢？"孔子听人说这话，叹息道："何不说'人失了，人得了？何必说'楚人'呢？"这个故事很有道理。凡注重"名"的名学，每每先求那最大的名。"楚人"不如"人"的大，故孔子要楚王爱"人"。故"恕"字《说文》训仁（训仁之字，古文作态。后乃与训如之恕字混耳）。《论语》记仲弓问仁，孔子答语有"己所不欲，勿施于人"一句，可见仁与恕的关系。孔门说仁虽是爱人（《论语》十三。《说文》，仁，亲也），却和后来墨家说的"兼爱"不相同。墨家的爱，是"无差等"的爱，孔门的爱，是"有差等"的爱。故说"亲亲之杀"。看儒家丧服的制度，从三年之丧，一级一级的降到亲尽无服，这便是"亲亲之杀"。这都由于两家的根本观念不同。墨家重在"兼而爱之"的兼字，儒家重在"推恩足以保四海"的推字，故同说爱人，而性质截然不同。

仁字不但是爱人，还有一个更广的义。今试举《论语》论仁的几条为例。

　　颜渊问仁，子曰："克己复礼为仁。"……颜渊曰："请
问其目。"子曰："非礼勿视，非礼勿听，非礼勿言，非礼勿
动。"

　　仲弓问仁，子曰："出门如见大宾，使民如承大祭。己所
不欲，勿施于人。在邦无怨，在家无怨。"

　　司马牛问仁，子曰："仁者其言也讱。"（以上十二）

　　樊迟问仁，子曰："居处恭，执事敬，与人忠。"
（十三）

以上四条，都不止于爱人。细看这几条，可知仁即是做人的道理。克己复
礼；出门如见大宾，使民如承大祭；居处恭，执事敬，与人忠：都只是
如何做人的道理。故都可说是仁。《中庸》说："仁者，人也。"《孟
子》说："仁也者，人也。"（七下）孔子的名学注重名的本义，要把
理想中标准的本义来改正现在失了原意的事物。例如"政者正也"之类。
"仁者人也"，只是说仁是理想的人道，做一个人，须要能尽人道。能尽
人道，即是仁。后人如朱熹之流，说"仁者，无私心而合天理之谓"，乃
是宋儒的臆说，不是孔子的本意。蔡子民《中国伦理学史》说孔子所说的
"仁"，乃是"统摄诸德，完成人格之名"。这话甚是。《论语》记子路
问成人，孔子答道：

　　若臧武仲之知，公绰之不欲，卞庄子之勇，冉求之艺，文
之以礼乐，亦可以为成人矣。（十四）

成人即是尽人道，即是"完成人格"，即是仁。

　　孔子又提出"君子"一个名词，作为人生的模范。"君子"本义为
"君之子"，乃是阶级社会中贵族一部分的通称。古代"君子"与"小
人"对称，君子指士以上的上等社会，小人指士以下的小百姓。试看《国
风》《小雅》所用"君子"，与后世小说书中所称"公子""相公"有何
分别？后来封建制度渐渐破坏，"君子""小人"的区别，也渐渐由社会

阶级的区别，变为个人品格的区别。孔子所说君子，乃是人格高尚的人，乃是有道德，至少能尽一部分人道的人。故说：

> 君子而不仁者有矣夫，未有小人而仁者也。（十四）

这是说君子虽未必能完全尽人道，但是小人决不是尽人道的人。

又说：

> 君子道者三，我无能焉；仁者不忧，知者不惑，勇者不惧。（十四）

> 司马牛问君子，子曰：君子不忧不惧。……内省不疚，夫何忧何惧？（十二）

> 子路问君子，子曰：修己以敬，……修己以安人，……修己以安百姓。（十四）

凡此皆可见君子是一种模范的人格。孔子的根本方法，上章已说过，在于指出一种理想的模范，作为个人及社会的标准。使人"拟之而后言，仪之而后动"。他平日所说"君子"便是人生品行的标准。

上文所说人须尽人道。由此理推去，可说做父须要尽父道，做儿子须要尽子道，做君须要尽君道，做臣须要尽臣道。故《论语》说：

> 齐景公问政于孔子。孔子对曰："君君臣臣，父父子子。"公曰："善哉！信如君不君，臣不臣，父不父，子不子，虽有粟，吾得而食诸？"（十二）

又《易经·家人卦》说：

> 家人有严君焉，父母之谓也。父父子子，兄兄弟弟，夫夫妇妇，而家道正。正家而天下定矣。

这是孔子正名主义的应用。君君臣臣，父父子子，便是使家庭社会国家的种种阶级，种种关系，都能"顾名思义"，做到理想的标准地步。这个标准地步，就是《大学》上说的"止于至善"。《大学》说：

> 为人君，止于仁；为人臣，止于敬；为人子，止于孝；为人父，止于慈；与国人交，止于信。

这是伦常的人生哲学。"伦"字，《说文》云："辈也，一曰道也。"《曲礼》注，"伦，犹类也。"《论语》"言中伦"，包注，"道也，理也。"孟子注，"伦，序也。"人与人之间，有种种天然的或人为的交互关系。如父子，如兄弟，是天然的关系。如夫妇，如朋友，是人造的关系。每种关系便是一"伦"，每一伦有一种标准的情谊行为。如父子之恩，如朋友之信，这便是那一伦的"伦理"。儒家的人生哲学，认定个人不能单独存在，一切行为都是人与人交互关系的行为，都是伦理的行为。故《中庸》说：

> 天下之达道五，曰：君臣也，父子也，夫妇也，昆弟也，
> 朋友之交也。五者，天下之达道也。

"达道"是人所共由的路（参看《论语》十八，子路从而后一章）。因为儒家认定人生总离不了这五条达道，总逃不出这五个大伦，故儒家的人生哲学，只要讲明如何处置这些伦常的道理，只要提出种种伦常的标准伦理。如《左传》所举的六顺：君义，臣行，父慈，子孝，兄爱，弟敬；如《礼运》所举的十义：父慈，子孝，兄良，弟悌，夫义，妇听，长惠，幼顺，君仁，臣忠；如《孟子》所举的五伦：父子有亲，君臣有义，夫妇有别，长幼有序，朋友有信。故儒家的人生哲学，是伦理的人生哲学。后来孟子说墨子兼爱，是无父；杨子为我，是无君。无父无君，即是禽兽。孟子的意思，其实只是说墨家和杨氏（老庄各家近于杨氏）的人生哲学，或是极端大同主义，或是极端个人主义，都是非伦理的人生哲学。我讲哲学，不用"伦理学"三个字，却称"人生哲学"，也只是因为"伦理学"只可用于儒家的人生哲学，而不可用于别家。

　　孔子的人生哲学，不但注重模范的伦理，又还注重行为的动机。《论语》说：

> 视其所以，观其所由，察其所安，人焉廋哉？人焉廋哉？

（二）

这一章乃是孔子人生哲学很重要的学说，可惜旧注家多不曾懂得这一章

的真义。"以"字，何晏解作"用"，说"言视其所行用"，极无道理。朱熹解作"为"，说"为善者为君子，为恶者为小人"，也无道理。"以"字当作"因"字解。《邶风》："何其久也，必有以也。"《左传》昭十三年"我之不共，鲁故之以"，又《老子》"众人皆有以"。此诸"以"字，皆作因为解。凡"所以"二字连用，"以"字总作因为解。孔子说观察人的行为，须从三个方面下手：第一，看他因为什么要如此做；第二，看他怎么样做，用的什么方法；第三，看这种行为，在做的人身心上发生何种习惯、何种品行（朱熹说第二步为"意之所从来"是把第二步看作第一步了。说第三步道："安，所乐也。所由虽善，而心之所乐者，不在于是，则亦伪耳，岂能久而不变哉"却很不错）。第一步是行为的动机，第二步是行为的方法，第三步是行为所发生的品行。这种三方面都到的行为论，是极妥善无弊的。只可惜孔子有时把第一步的动机看得很重，所以后来的儒家，便偏向动机一方面，把第二步第三步都抛弃不顾了。孔子论动机的话，如下举诸例：

> 今之孝者，是谓能养。至于犬马，皆能有养。不敬，何以别乎？（二）
>
> 人而不仁，如礼何？人而不仁，如乐何？（二）
>
> 苟志于仁矣，无恶也。（四）

动机不善，一切孝悌礼乐都只是虚文，没有道德的价值。这话本来不错（即墨子也不能不认"意"的重要。看《耕柱篇》第四节），但孔子生平，痛恨那班聚敛之臣，斗筲之人的谋利政策，故把义利两桩分得太分明了。他说：

> 放于利而行，多怨。（四）
>
> 君子喻于义，小人喻于利。（四）

但他却并不是主张"正其谊不谋其利"的人。《论语》说：

> 子适卫，冉有仆。子曰："庶矣哉！"冉有曰："既庶矣，又何加焉？"子曰："富之。"曰："既富矣，又何加

焉？"曰："教之。"（十四）

这岂不是"仓廪实而后知礼节，衣食足而后知荣辱"的政策吗？可见他所反对的利，乃是个人自营的私利。不过他不曾把利字说得明白，《论语》又有"子罕言利"的话，又把义利分作两个绝对相反的物事，故容易被后人误解了。

但我以为与其说孔子的人生哲学注重动机，不如说他注重养成道德的品行。后来的儒家只为不能明白这个区别，所以有极端动机的道德论。孔子论行为，分动机、方法、品行三层，已如上文所说。动机与品行都是行为的"内容"。我们论道德，大概分内容和外表两部。譬如我做了一件好事，若单是为了这事结果的利益，或是为了名誉，或是怕惧刑罚笑骂，方才做去，那都是"外表"的道德。若是因为我觉得理该去做，不得不去做，那便是属于"内容"的道德。内容的道德论，又可分两种。一种偏重动机，认定"天理"（如宋儒中之主张天理人欲论者），或认定"道德的律令"（如康德），有绝对无限的尊严，善的理该去做，恶的理该不去做。一种注重道德的习惯品行，习惯已成，即是品行（习惯，Habit，品行，Character）。有了道德习惯的人，见了善自然去做，见了恶自然不去做。例如：良善人家的子弟，受了良善的家庭教育，养成了道德的习惯，自然会行善去恶，不用勉强。

孔子的人生哲学，依我看来，可算得是注重道德习惯一方面的。他论人性道：

性相近也，习相远也，惟上智与下愚不移。（十七）

"习"即是上文所说的习惯。孔子说：

吾未见好德如好色者也。（九）

已矣乎！吾未见好德如好色者也！（十五）

这两章意同而辞小异，可见这是孔子常说的话。他说不曾见好德如好色的人，可见他不信好德之心是天然有的。好德之心虽不是天然生就的，却可以培养得成。培养得纯熟了，自然流露。便如好色之心一般，毫无勉强。

《大学》上说的"如恶恶臭，如好好色"便是道德习惯已成时的状态。孔子说：

> 知之者，不如好之者。好之者，不如乐之者。（六）

人能好德恶不善，如好好色，如恶恶臭，便是到了"好之"的地位。道德习惯变成了个人的品行，动容周旋，无不合理，如孔子自己说的"从心所欲，不逾矩"，那便是已到"乐之"的地位了。

这种道德的习惯，不是用强迫手段可以造成的。须是用种种教育涵养的功夫方能造得成。孔子的正名主义，只是要寓褒贬，别善恶，使人见了善名，自然生爱；见了恶名，自然生恶。人生无论何时何地，都离不了名。故正名是极大的德育利器（参看《荀子·正名》篇及《尹文子·大道》篇）。此外孔子又极注重礼乐。他说：

> 兴于诗，立于礼，成于乐。（八）
>
> 不学诗，无以言，……不学礼，无以立。（十六）
>
> 诗，可以兴，可以观，可以群，可以怨，……人而不为《周南》《召南》，其犹正墙面而立也欤。（十七）
>
> 恭而无礼则劳（有子曰，恭近于礼，远耻辱也）。慎而无礼则葸。勇而无礼则乱。直而无礼则绞。（八）

诗与礼乐都是陶融身心，养成道德习惯的利器。故孔子论政治，也主张用"礼让为国"。又主张使弦歌之声，遍于国中。此外孔子又极注重模范人格的感化。《论语》说：

> 季康子问政于孔子曰："如杀无道，以就有道，何如？"
>
> 孔子对曰："子为政，焉用杀；子欲善，而民善矣。君子之德风，小人之德草，草上之风必偃。"（十三）
>
> 为政以德，譬如北辰，居其所而众星共之。（二）

因此他最反对用刑治国。他说：

> 道之以政，齐之以刑，民免而无耻。道之以德，齐之以礼，有耻且格。（二）

孔门弟子的哲学传承

说孝

孔子何尝不说孝道，但总不如曾子说得透切圆满。曾子说：

> 孝有三：大孝尊亲，其次弗辱，其次能养。（《礼记·祭义》）

什么叫做尊亲呢？第一，是增高自己的人格，如《孝经》说的"立身行道，扬名于后世，以显父母"。第二，是增高父母的人格，所谓"先意承志，谕父母于道"。尊亲即是《孝经》的"严父"。《孝经》说：

> 人之行莫大于孝，孝莫大于严父（严父谓尊严其父），严父莫大于配天。

什么叫做弗辱呢？第一即是《孝经》所说"身体发肤，受之父母，不敢毁伤"的意思。《祭义》所说"父母全而生子，子全而归之"，也是此意。第二，是不敢玷辱父母传与我的人格。这一层曾子说得最好。他说：

> 身也者，父母之遗体也。行父母之遗体，敢不敬乎？居处不庄，非孝也。事君不忠，非孝也。莅官不敬，非孝也。朋友不信，非孝也。战陈无勇，非孝也。五者不遂，灾及其亲，敢不敬乎？（《祭义》）

什么叫做能养呢？孔子说的：

> 今之孝者，是谓能养。至于犬马，皆能有养。不敬，何以别乎？（《论语》二）
>
> 事父母几谏。见志不从，又敬不违，劳而无怨。（《论语》四）

这都是精神的养亲之道。不料后来的人只从这个养字上用力，因此造出许多繁文缛礼来，例如《礼记》上说的：

> 子事父母，鸡初鸣，咸盥漱，栉縰，笄总，拂髦，冠緌缨，端韠绅，搢笏。左右佩用：左佩纷帨，刀，砺，小觿，金燧；右佩玦，捍，管，遰，大觿，木燧。偪屦著綦。……以适父母之所。及所，下气怡声，问衣燠寒，疾痛疴痒，而敬仰搔之。出入，则或先或后而敬扶持之。进盥，少者捧盘，长者捧水，请沃盥。盥卒，授中。问所欲而敬进之。（《内则》）

这竟是现今戏台上的台步，脸谱，武场套数，成了刻板文字，便失了孝的真意了。曾子说的三种孝，后人只记得那最下等的一项，只在一个"养"字上做工夫。甚至于一个母亲发了痴心冬天要吃鲜鱼，他儿子便去睡在冰上，冰里面便跳出活鲤鱼来了（《晋书·王祥传》）。这种鬼话，竟有人信以为真，以为孝子应该如此！可见孝的真意久已埋没了。

孔子的人生哲学，虽是伦理的，虽注重"君君，臣臣，父父，子子，夫夫，妇妇"，却并不曾用"孝"字去包括一切伦理。到了他的门弟子，以为人伦之中独有父子一伦最为亲切，所以便把这一伦提出来格外注意，格外用功。如《孝经》所说：

> 父子之道，天性也。……故不爱其亲而爱他人者，谓之悖德，不敬其亲而敬他人者，谓之悖礼。

又如有子说的：

> 君子务本，本立而道生。孝弟也者，其为仁之本欤？（《论语》一）

孔门论仁，最重"亲亲之杀"，最重"推恩"，故说孝弟是为仁之本。后来更进一步，便把一切伦理都包括在"孝"字之内。不说你要做人，便该怎样，便不该怎样；却说你要做孝子，便该怎样，便不该怎样。例如：上文所引曾子说的"战陈无勇"，"朋友不信"，他不说你要做人，要尽人道，故战阵不可无勇，故交友不可不信；只说你要做一个孝子，故不可如此如此。这个区别，在人生哲学史上，非常重要。孔子虽注重个人的伦理关系，但他同时又提出一个"仁"字，要人尽人道，做一个"成人"。故"居处恭，执事敬，与人忠"，只是仁，只是尽做人的道理。这是"仁"的人生哲学。那"孝"的人生哲学便不同了。细看《祭义》和《孝经》的学说，简直可算得不承认个人的存在。我并不是我，不过是我的父母的儿子。故说："身也者，父母之遗体也。"又说："身体发肤，受之父母。"我的身并不是我，只是父母的遗体，故居处不庄，事君不忠，战阵无勇，都只是对不住父母，都只是不孝。《孝经》说天子应该如何，诸侯应该如何，卿大夫应该如何，士庶人应该如何。他并不说你做了天子诸侯或是做了卿大夫士庶人，若不如此做，便不能尽你做人之道。他只说你若要做孝子，非得如此做去，不能尽孝道，不能对得住你的父母。总而言之。你无论在什么地位，无论做什么事，你须要记得这并不是"你"做了天子诸侯等等，乃是"你父母的儿子"做了天子诸侯等等。

这是孔门人生哲学的一大变化。孔子的"仁的人生哲学"，要人尽"仁"道，要人做一个"人"。孔子以后的"孝的人生哲学"，要人尽"孝"道，要人做一个"儿子"。这种人生哲学，固然也有道理，但未免太把个人埋没在家庭伦理里面了。如《孝经》说：

> 事亲者，居上不骄，为下不乱，在丑不争。

难道不事亲的便不能如此吗？又如：

> 爱亲者不敢恶于人，敬亲者不敢慢于人。

为什么不说为人之道不当恶人、慢人呢？

以上说孝的哲学。现在且说"孝的宗教"。宗教家要人行善，又怕人不肯行善，故造出一种人生行为的监督，或是上帝，或是鬼神，多可用来做人生道德的裁制力。孔子是不很信鬼神的，他的门弟子也多不深信鬼神（墨子常说儒家不信鬼神）。所以孔门不用鬼神来做人生的裁制力。但是这种道德的监督似乎总不可少，于是想到父子天性上去。他们以为五伦之中父子的亲谊最厚，人人若能时时刻刻想着父母，时时刻刻惟恐对不住父母，便决不致做出玷辱父母的行为了。所以儒家的父母便和别种宗教的上帝鬼神一般，也有裁制鼓励人生行为的效能。如曾子的弟子乐正子春说：

> 吾闻诸曾子，曾子闻诸夫子曰："天之所生，地之所养，无人为大。父母全而生之，子全而归之，可谓孝矣。不亏其体，不辱其亲，可谓全矣。"故君子顷步而不敢忘孝也。……壹举足而不敢忘父母，壹出言而不敢忘父母。壹举足而不敢忘父母，是故道而不径，舟而不游，不敢以先父母之遗体行殆。壹出言而不敢忘父母，是故恶言不出于口，忿言不反于身，不辱其身，不羞其亲：可谓孝矣。（《祭义》）

人若能一举足，一出言，都不敢忘父母，他的父母便是他的上帝鬼神；他的孝道便成了他的宗教。曾子便真有这个样子，看他临死时对他的弟子说：

> 启予足，启予手。《诗》云："战战兢兢，如临深渊，如履薄冰。"而今而后，吾知免夫，小子！（《论语》八）

这是完全一个宗教家的口气。这种"全受全归"的宗教的大弊病，在于养成一种畏缩的气象，使人销磨一切勇往冒险的胆气。《汉书·王尊传》说：

> 王阳为益州刺史，行部至邛郲九折阪，叹曰："奉先人遗体，奈何数乘此险！"后以病去。

这就是"不敢以先父母之遗体行殆"的宗教的流毒了。

儒家又恐怕人死了父母，便把父母忘了，所以想出种种丧葬祭祀的仪节出来，使人永久纪念着父母。曾子说：

> 吾闻诸夫子：人未有自致者也，必也亲丧乎！（《论语》
> 十九。《孟子》也说"亲丧固所自尽也"）

因为儒家把亲丧的时节看得如此重要，故要利用这个时节的心理，使人永久纪念着父母。儒家的丧礼，孝子死了父母，"居于倚庐，寝苫枕块，哭泣无数，服勤三年，身病体羸，扶而后能起，杖而后能行"。还有种种怪现状，种种极琐细的仪文，试读《礼记》中《丧大记》《丧服大记》《奔丧》《问丧》诸篇，便可略知大概，今不详说。三年之丧，也是儒家所创，并非古礼，其证有三。《墨子·非儒》篇说：

> 儒者曰：亲亲有术，尊贤有等。……其礼曰：丧父母三年。

此明说三年之丧是儒者之礼，是一证。《论语》十七记宰我说三年之丧太久了，一年已够了。孔子弟子中尚有人不认此制合礼，可见此非当时通行之俗，是二证。《孟子·滕文公》篇记孟子劝滕世子行三年之丧，滕国的父兄百官皆不愿意，说道："吾宗国鲁先君莫之行，吾先君亦莫之行也。"鲁为周公之国，尚不曾行过三年之丧，是三证。至于儒家说尧死时三载如丧考妣、商高宗三年不言，和孟子所说"三年之丧，三代共之"，都是儒家托古改制的惯技，不足凭信。

祭礼乃是补助丧礼的方法。三年之丧虽久，究竟有完了的时候。于是又创为以时祭祀之法，使人时时纪念着父母祖宗。祭祀的精义，《祭义》说得最妙：

> 斋之日，思其居处，思其笑语，思其志意，思其所乐，思
> 其所嗜。斋三日乃见其所为斋者。祭之日，入室，僾然必有见乎
> 其位。周还出户，肃然必有闻乎其容声。出户而听，忾然必有闻
> 乎其叹息之声。（《祭义》）

这一段文字，写祭祀的心理，可谓妙绝。近来有人说儒教不是宗教，我且请他细读《祭义》篇。

但我不说儒家是不深信鬼神的吗？何以又如此深信祭祀呢？原来儒家虽不深信鬼神，却情愿自己造出鬼神来崇拜。例如孔子明说"未知生，焉知死"，他却又说："祭如在，祭神如神在。"一个"如"字，写尽宗教的心理学。上文所引《祭义》一段，写那祭神的人，斋了三日，每日凝神思念所祭的人，后来自然会"见其所为斋者"。后文写祭之日一段，真是见神见鬼，其实只是《中庸》所说"洋洋乎如在其上，如在其左右。"依旧是一个"如"字。

有人问，儒家为什么情愿自己造出鬼神来崇拜呢？我想这里面定有一层苦心。曾子说：

> 慎终追远，民德归厚矣。（《论语》一）

孔子说：

> 君子笃于亲，则民兴于仁。（《论语》八）

一切丧葬祭祀的礼节，千头万绪，只是"慎终追远"四个字，只是要"民德归厚"，只是要"民兴于仁"。

这是"孝的宗教"。

谈礼

我讲孔门弟子的学说，单提出"孝"和"礼"两个观念。孝字很容易讲，礼字却极难讲。今试问人"什么叫做礼？"几乎没有一人能下一个完全满意的界说。有许多西洋的"中国学家"也都承认中文的礼字在西洋文字竟没有相当的译名。我现在且先从字义上下手。《说文》："礼，履也，所以事神致福也。从示从豊，豊亦声。"又，"豊，行礼之器也，从豆，象形。"按礼字从示从豊，最初本义完全是宗教的仪节，正译当为"宗教"。《说文》所谓"所以事神致福"，即是此意。《虞书》："有能典朕三礼。"马注："天神地祇人鬼之礼也。"这是礼的本义。后来礼字范围渐大，有"五礼"（吉、凶、军、宾、嘉）、"六礼"（冠、昏、丧、祭、乡、相见）、"九礼"（冠、昏、朝、聘、丧、祭、宾主、乡饮酒、军旅）的名目。这都是处世接人慎终追远的仪文，范围已广，不限于宗教一部分，竟包括一切社会习惯风俗所承认的行为的规矩。如今所传《仪礼》十七篇，及《礼记》中专记礼文仪节的一部分，都是这一类。礼字的广义，还不止于此。《礼运》篇说：

> 礼者，君之大柄也，所以别嫌、明微、傧鬼神、考制度、别仁义，所以治政安君也。

《坊记》篇说：

> 礼者，因人之情而为之节文，以为民坊者也。

这种"礼"的范围更大了。礼是"君之大柄"，"所以治政安君"，"所以为民坊"，这都含有政治法律的性质。大概古代社会把习惯风俗看作有神圣不可侵犯的尊严，故"礼"字广义颇含有法律的性质。儒家的"礼"和后来法家的"法"同是社会国家的一种裁制力，其中却有一些分别。第一，礼偏重积极的规矩，法偏重消极的禁制；礼教人应该做什么，应该不做什么；法教人什么事是不许做的，做了是要受罚的。第二，违法的有刑罚的处分，违礼的至多不过受"君子"的讥评，社会的笑骂，却不受刑罚的处分。第三，礼与法施行的区域不同。《礼记》说："礼不下庶人，刑不上大夫。"礼是为上级社会设的，法是为下等社会设的。礼与法虽有这三种区别，但根本上同为个人社会一切行为的裁制力。因此我们可说礼是人民的一种"坊"（亦作防）。《大戴礼记·礼察》篇说（《小戴记·经解》篇与此几全同）：

> 孔子曰（凡大小《戴记》所称"孔子曰""子曰"都不大可靠）：君子之道，譬犹防欤。夫礼之塞乱之所从生也，犹防之塞水之所从来也。……故昏姻之礼废，则夫妇之道苦，而淫僻之罪多矣。乡饮酒之礼废，则长幼之序失，而争斗之狱繁矣。聘射之礼废，则诸侯之行恶，而盈溢之败起矣。丧祭之礼废，则臣子之恩薄，而倍死忘生之礼众矣。凡人之知，能见已然，不见将然。礼者禁于将然之前，而法者禁于已然之后。……礼云，礼云，贵绝

恶于未萌，而起敬于微眇，使民日徙善远罪而不自知也。

这一段说礼字最好。礼只教人依礼而行，养成道德的习惯，使人不知不觉的"徙善远罪"。故礼只是防恶于未然的裁制力。譬如人天天讲究运动卫生，使疾病不生，是防病于未然的方法。等到病已上身，再对症吃药，便是医病于已然之后了。礼是卫生书，法是医药书。儒家深信这个意思，故把一切合于道理可以做行为标准，可以养成道德习惯，可以增进社会治安的规矩，都称为礼。这是最广义的"礼"，不但不限于宗教一部分，并且不限于习惯风俗。《乐记》说：

礼也者，理之不可易者也。

《礼运》说：

礼也者，义之实也。协诸义而协，则礼虽先王未之有，可

以义起也。

这是把礼、理和义看作一事，凡合于道理之正，事理之宜的，都可建立为礼的一部分。这是"礼"字进化的最后一级。"礼"的观念凡经过三个时期。第一，最初的本义是宗教的仪节。第二，礼是一切习惯风俗所承认的规矩。第三，礼是合于义理可以做行为模范的规矩，可以随时改良变换，不限于旧俗古礼。

以上说礼字的意义。以下说礼的作用，也分三层说：

第一，礼是规定伦理名分的。上篇说过，孔门的人生哲学是伦理的人生哲学，他的根本观念只是要"君君，臣臣，父父，子子，夫夫，妇妇"。这种种伦常关系的名分区别，都规定在"礼"里面。礼的第一个作用，只是家庭社会国家的组织法（组织法旧译宪法）。《坊记》说：

夫礼者，所以章疑别微，以为民坊者也。故贵贱有等，衣

服有别，朝廷有位，则民有所让。

《哀公问》说：

民之所由生，礼为大。非礼无以节事天地之神也，非礼无

以辨君臣上下长幼之位也，非礼无以别男女父子兄弟之亲，昏姻

疏数之交也。

这是礼的重要作用。朝聘的拜跪上下，乡饮酒和士相见的揖让进退，丧服制度的等差，祭礼的昭穆祧迁，都只是要分辨家庭社会一切伦理的等差次第。

第二，礼是节制人情的。《礼运》说此意最好：

> 圣人耐（通能字）以天下为一家，以中国为一人者，非意之也。必知其情，辟于其义（辟，晓喻也），明于其利，达于其患，然后能为之。何谓人情？喜，怒，哀，惧，爱，恶，欲，七者弗学而能。何谓人义？父慈，子孝，兄良，弟悌，夫义，妇听，长惠，幼顺，君仁，臣忠：十者谓之人义。讲信修睦，谓之人利。争夺相杀，谓之人患。故圣人之所以治人七情，修十义，讲信修睦，尚慈让，去争夺，舍礼何以治之？

> 饮食男女，人之大欲存焉。死亡贫苦，人之大恶存焉。故欲恶者，心之大端也。人藏其心，不可测度也。美恶皆在其心，不见其色也。欲一以穷之，舍礼何以哉？

人的情欲本是可善可恶的，但情欲须要有个节制；若没有节制，便要生出许多流弊。七情之中，欲恶更为重要，欲恶无节，一切争夺相杀都起于此。儒家向来不主张无欲（宋儒始有去人欲之说），但主"因人之情而为之节文以为民坊"。子游说：

> 有直道而径行者，戎狄之道也。礼道则不然。人喜则斯陶，陶斯咏，咏斯犹（郑注，犹当为摇，声之误也），犹斯舞（今本此下有"舞斯愠"三字，今依陆德明《释文》删去）。愠斯戚，戚斯叹，叹斯辟（郑注，辟，拊心也），辟斯踊矣。品节斯，斯之谓礼。（《檀弓》）

《乐记》也说：

> 夫豢豕为酒，非以为祸也，而狱讼益繁，则酒之流生祸也。是故先生因为酒礼：一献之礼宾主百拜，终日饮酒，而不得

醉焉。此先王之所以备酒祸也。

这两节说"因人之情而为之节文",说得最透切。《檀弓》又说：

> 弁人有其母死而孺子泣者。孔子曰："哀则哀矣，而难为
> 继也。夫礼为可传也，为可继也，故哭踊有节。"

这话虽然不错，但儒家把这种思想推于极端，把许多性情上的事都要依刻板的礼节去做。《檀弓》有一条绝好的例：

> 曾子袭裘而吊，子游裼裘而吊。曾子指子游而示人曰：
> "夫夫也，为习于礼者。如之何其裼裘而吊也。"主人既小敛，
> 袒，括发，子游趋而出，袭裘带绖而入。曾子曰："我过矣！我
> 过矣！夫夫是也。"

这两个"习于礼"的圣门弟子，争论这一点小节，好像是什么极大关系的事，圣门书上居然记下来，以为美谈！怪不得那"堂堂乎"的子张要说"祭思敬，丧思哀，其可已矣！"（子路是子张一流人，故也说"丧礼与其哀不足而礼有余也，不若礼不足而哀有余也。祭礼与其敬不足而礼有余也，不若礼不足而敬有余也。"）

第三，礼是涵养性情，养成道德习惯的。以上所说两种作用——规定伦理名分，节制情欲——只是要造成一种礼义的空气，使人生日用，从孩童到老大，无一事不受礼义的裁制，使人"绝恶于未萌，而起敬于微眇，使民日徙善远罪而不自知"。这便是养成的道德习惯。平常的人，非有特别意外的原因，不至于杀人放火，奸淫偷盗，都只为社会中已有了这种平常道德的空气，所以不知不觉的也会不犯这种罪恶。这便是道德习惯的好处。儒家知道要增进人类道德的习惯，必须先造成一种更浓厚的礼义空气，故他们极推重礼乐的节文。《檀弓》中有个周丰说道：

> 墟墓之间，未施哀于民而民哀。社稷宗庙之中，未施敬于
> 民而民敬。

墟墓之间，有哀的空气；宗庙之中，有敬的空气。儒家重礼乐，本是极合于宗教心理学与教育心理学的。只可惜儒家把这一种观念也推行到极端，

故后来竟致注意服饰拜跪种种小节，便把礼的真义反失掉了。《孔子家语》说：

> 哀公问曰："绅委章甫有益于仁乎？"
>
> 孔子作色而对曰："君胡然焉！衰麻苴杖者，志不存乎乐，非耳弗闻，服使然也。黼黻衮冕者，容不亵慢，非性矜庄，服使然也。介胄执戈者，无退懦之气，非体纯猛，服使然也。"

这话未尝无理，但他可不知道后世那些披麻带孝，拿着哭丧杖的人何尝一定有哀痛之心？他又哪里知道如今那些听着枪声就跑的将军兵大爷何尝不穿着军衣带着文虎章？还是《论语》里面的孔子说得好：

> 礼云礼云，玉帛云乎哉？乐云乐去，钟鼓云乎哉？
>
> 林放问礼之本。子曰："大哉问？礼，与其奢也，宁俭。丧，与其易也，宁戚。"
>
> 人而不仁，如礼何？人而不仁，如乐何？

墨子的哲学智慧

墨子略传

墨子名翟姓墨。有人说他是宋人，有人说他是鲁人。今依孙诒让说，定他为鲁国人。

欲知一家学说传授沿革的次序，不可不先考定这一家学说产生和发达的时代。如今讲墨子的学说，当先知墨子生于何时。这个问题，古今人多未能确定。有人说墨子"并孔子时"（《史记·孟荀列传》），有人说他是"六国时人，至周末犹存"（毕沅《墨子序》），这两说相差二百多年，若不详细考定，易于使人误会。毕沅的话已被孙诒让驳倒了（《墨子间诂·非攻中》），不用再辨。孙诒让又说：

> 窃以今五十三篇之书推校之，墨子前及与公输般、鲁阳文子相问答，而后及见齐太公和（见《鲁问》篇，田和为诸侯，在周安王十六年），与齐康公兴乐（见《非乐·上》。康公卒于安王二十年），与楚吴起之死（见《亲士》篇。在安王二十一年）。上距孔子之卒（敬王四十一年）几及百年。则墨子之后孔子益信。审核前后，约略计之，墨子当与子思同时，而生年尚在其后（子思生于鲁哀公二年，周敬王二十七年也）。盖生于周定

王之初年，而卒于安王之季，盖八九十岁（《墨子年表序》）。

我以为孙诒让所考不如汪中考的精确。汪中说：

> 墨子实与楚惠王同时（《耕柱》篇、《鲁问》篇、《贵义》篇），……其年于孔子差后，或犹及见孔子矣。……《非攻》中篇言知伯以好战亡，事在《春秋》后二十七年。又言蔡亡，则为楚惠王四十二年。墨子并当时，及见其事。《非攻》下篇言："今天下好战之国，齐、晋、楚、越。"又言："唐叔、吕尚邦齐晋，今与楚越四分天下。"《节葬》下篇言："诸侯力征，南有楚越之王，北有齐晋之君。"明在勾践称霸之后（《鲁问》篇越王请裂故吴地方五百里以封墨子，亦一证），秦献公未得志之前，全晋之时，三家未分，齐未为陈氏也。

> 《檀弓·下》，"季康子之母死，公输般请以机封。"此事不得其年。季康子之卒在哀公二十七年。楚惠王以哀公七年即位。般固逮事惠王。《公输》篇："楚人与越人舟战于江。公输子自鲁南游楚，作钩强以备越。"亦吴亡后楚与越为邻国事。惠王在位五十七年，本书既载其以老辞墨子，则墨子亦寿考人欤？（《墨子序》）

汪中所考都很可靠。如今且先说孙诒让所考的错处。

第一，孙氏所据的三篇书，《亲士》《鲁问》《非乐·上》，都是靠不住的书。《鲁问》篇乃是后人所辑。其中说的"齐大王"，未必便是田和。即便是田和，也未必可信。例如《庄子》中说庄周见鲁哀公，难道我们便说庄周和孔丘同时么？《非乐》篇乃是后人补做的，其中屡用"是故子墨子曰，为乐非也"一句，可见其中的历史事实，未必都是墨子亲见的。《亲士》篇和《修身》篇同是假书，内中说的全是儒家的常谈，哪有一句墨家的话。

第二，墨子决不曾见吴起之死。《吕氏春秋·上德》篇说吴起死时，阳城君得罪逃走了，楚国派兵来收他的国。那时"墨者巨子孟胜"替阳城君守城，遂和他的弟子一百八十三人都死在城内。孟胜将死之前，还先派两个弟子把"巨子"的职位传给宋国的田襄子，免得把墨家的学派断绝了。

照这条看来，吴起死时，墨学久已成了一种宗教。那时"墨者巨子"传授的法子，也已经成为定制了。那时的"墨者"，已有了新立的领袖。孟胜的弟子劝他不要死，说："绝墨者于世，不可。"要是墨子还没有死，谁能说这话呢？可见吴起死时，墨子已死了许多年了。

依以上所举各种证据，我们可定墨子大概生在周敬王二十年与三十年之间（西历纪元前500至〔前〕490年），死在周威烈王元年与十年之间（西历纪元前425至〔前〕416年）。墨子生时约当孔子五十岁六十岁之间（孔子生西历纪元〔前〕551年）。到吴起死时，墨子已死了差不多四十年了。

以上所说墨子的生地和生时，很可注意。他生当鲁国，又当孔门正盛之时。所以他的学说，处处和儒家有关系。《淮南·要略》说：

墨子学儒者之业，受孔子之术，以为其礼烦扰而不悦，厚

葬靡财而贫民，（久）服伤生而害事。

墨子究竟曾否"学儒者之业，受孔子之术"，我们虽不能决定，但是墨子所受的儒家的影响，一定不少（《吕氏春秋·当染》篇说史角之后在于鲁，墨子学焉。可见墨子在鲁国受过教育）。我想儒家自孔子死后，那一班孔门弟子不能传孔子学说的大端，都去讲究那丧葬小节。请看《礼记·檀弓》篇所记孔门大弟子子游、曾子的种种故事，哪一桩不是争一个极小极琐碎的礼节？（如"曾子吊于负夏"及"曾子袭裘而吊，子游裼裘而吊"诸条。）再看一部《仪礼》那种繁琐的礼仪，真可令今人骇怪。墨子生在鲁国，眼见这种种怪现状，怪不得他要反对儒家，自创一种新学派。墨子攻击儒家的坏处，约有四端：

儒之道足以丧天下者四政焉：儒以天为不明，以鬼为不

神，天鬼不说。此足以丧天下。又厚葬久丧，重为棺椁，多为衣

衾，送死若徙，三年哭泣，扶然后起，杖然后行，耳无闻，目无

见。此足以丧天下。又弦歌鼓舞，习为声乐。此足以丧天下。又

> 以命为有，贫富，寿夭，治乱，安危，有极矣，不可损益也。为
>
> 上者行之，必不听治矣；为下者行之，必不从事矣。此足以丧天
>
> 下。（《墨子·公孟》篇）

这个儒墨的关系，是极重要不可忽略的。因为儒家不信鬼（孔子言"未知生，焉知死""未能事神，焉能事鬼"。又说"敬鬼神而远之"。《说苑》十八记子贡问死人有知无知，孔子曰："吾欲言死者有知耶，恐孝子顺孙妨生以送死也。欲言死者无知，恐不孝子孙弃亲不葬也。赐欲知死人有知无知也，死徐自知之，犹未晚也。"此犹是怀疑主义〔Agnosticism〕。后来的儒家直说无鬼神，故《墨子·公孟》篇的公孟子曰"无鬼神"，此直是无神主义〔Atheism〕，所以墨子倡"明鬼"论。因为儒家厚葬久丧，所以墨子倡"节葬"论。因为儒家重礼乐，所以墨子倡"非乐"论。因为儒家信天命（《论语》子夏说："死生有命，富贵在天。"孔子自己也说："不知命，无以为君子也。"又说："道之将行也欤，命也。道之将废也欤，命也。"），所以墨子倡"非命"论。

墨子是一个极热心救世的人，他看见当时各国征战的惨祸，心中不忍，所以倡为"非攻"论。他以为从前那种"弭兵"政策（如向戌的弭兵会），都不是根本之计。根本的"弭兵"，要使人人"视人之国，若视其国；视人之家，若视其家；视人之身，若视其身"。这就是墨子的"兼爱"论。

但是墨子并不是一个空谈弭兵的人，他是一个实行非攻主义的救世家。那时公输般替楚国造了一种云梯，将要攻宋。墨子听见这消息，从鲁国起程，走了十日十夜，赶到郢都去见公输般。公输般被他一一说服了，便送他去见楚王，楚王也被他说服了，就不攻宋了（参看《墨子·公输》篇）。公输般对墨子说："我不曾见你的时候，我想得宋国。自从我见了你之后，就是有人把宋国送给我，要是有一毫不义，我都不要了。"墨子说："……那样说来，仿佛是我已经把宋国给了你了。你若能努力行义，我还要把天下送给你咧。"（《鲁问》篇）

看他这一件事，可以想见他一生的慷慨好义，有一个朋友劝他道："如今天下的人都不肯做义气的事，你何苦这样尽力去做呢？我劝你不如罢了。"墨子说："譬如一个人有十个儿子，九个儿子好吃懒做，只有一个儿子尽力耕田。吃饭的人那么多，耕田的人那么少，那一个耕田的儿子便应该格外努力耕田才好。如今天下的人都不肯做义气的事，你正该劝我多做些才好。为什么反来劝我莫做呢？"（《贵义》篇）这是何等精神！何等人格！那反对墨家最利害的孟轲道："墨子兼爱，摩顶放踵利天下为之。"这话本有责备墨子之意，其实是极恭维他的话。试问中国历史上，可曾有第二个"摩顶放踵利天下为之"的人么？

墨子是一个宗教家。他最恨那些儒家一面不信鬼神，一面却讲究祭礼丧礼。他说："不信鬼神，却要学祭礼，这不是没有客却行客礼么？这不是没有鱼却下网么？"（《公孟》篇）所以墨子虽不重丧葬祭祀，却极信鬼神，还更信天。他的"天"却不是老子的"自然"，也不是孔子的"天何言哉？四时行焉，百物生焉"的天。墨子的天，是有意志的。天的"志"就是要人兼爱。凡事都应该以"天志"为标准。

墨子是一个实行的宗教家。他主张节用，又主张废乐，所以他教人要吃苦修行。要使后世的墨者，都要"以裘褐为衣，以跂蹻为服，日夜不休，以自苦为极"。这是"墨教"的特色。《庄子·天下》篇批评墨家的行为，说：

墨翟、禽滑厘之意则是，其行则非也。将使后世之墨者，必自苦，以腓无胈胫无毛相进，而已矣。乱之上也，治之下也。

又却不得不称赞墨子道：

虽然，墨子真天下之好也。将求之不可得也，虽枯槁不舍也。才士也夫！

认得这个墨子，才可讲墨子的哲学。

墨子的哲学方法

儒墨两家根本上不同之处，在于两家哲学的方法不同，在于两家的

"逻辑"不同。《墨子·耕柱》篇有一条最形容得出这种不同之处。

> 叶公子高问政于仲尼，曰："善为政者若之何？"仲尼对
> 曰："善为政者，远者近之，而旧者新之。"（《论语》作"近
> 者悦，远者来"）

> 子墨子闻之曰："叶公子高未得其问也，仲尼亦未得其所
> 以对也。叶公子高岂不知善为政者之远者近之而旧者新之哉？问
> 所以为之若之何也。……"

这就是儒墨的大区别，孔子所说是一种理想的目的，墨子所要的是一个"所以为之若之何"的进行方法。孔子说的是一个"什么"，墨子说的是一个"怎样"，这是一个大分别。《公孟》篇又说：

> 子墨子问于儒者，曰："何故为乐？"曰："乐以为乐
> 也。"子墨子曰："子未我应也。今我问曰：'何故为室？'
> 曰：'冬避寒焉，夏避暑焉，室以为男女之别也。'则子告我为
> 室之故矣。今我问曰：'何故为乐？'曰：'乐以为乐也。'是
> 犹曰：'何故为室？'曰：'室以为室也。'"

儒者说的还是一个"什么"，墨子说的是一个"为什么"。这又是一个大分别。

这两种区别，皆极重要。儒家最爱提出一个极高的理想的标准，作为人生的目的，如论政治，定说"君君，臣臣，父父，子子"；或说"近者悦，远者来"；这都是理想的目的，却不是进行的方法。如人生哲学则高悬一个"止于至善"的目的，却不讲怎样能使人止于至善。所说细目，如"为人君，止于仁；为人臣，止于敬；为人父，止于慈；为人子，止于孝；与国人交，止于信。"全不问为什么为人子的要孝，为什么为人臣的要敬；只说理想中的父子君臣朋友是该如此如此的。所以儒家的议论，总要偏向"动机"一方面。"动机"如俗话的"居心"。

孟子说的"君子之所以异于人者，以其存心也，君子以仁存心，以礼存心。"存心是行为的动机。《大学》说的诚意，也是动机。儒家只注意行

为的动机，不注意行为的效果。推到了极端，便成董仲舒说的"正其谊不谋其利，明其道不计其功"。只说这事应该如此做，不问为什么应该如此做。

墨子的方法，恰与此相反。墨子处处要问一个"为什么"。例如造一所房子，先要问为什么要造房子。知道了"为什么"，方才可知道"怎样做"。知道房子的用处是"冬避寒焉，夏避暑焉，室以为男女之别"，方才可以知道怎样布置构造始能避风雨寒暑，始能分别男女内外。人生的一切行为，都是如此。如今人讲教育，上官下属都说应该兴教育，于是大家都去开学堂，招学生。大家都以为兴教就是办学堂，办学堂就是兴教育，从不去问为什么该兴教育。因为不研究教育是为什么的，所以办学和视学的人也无从考究教育的优劣，更无从考究改良教育的方法。我去年回到内地，有人来说，我们村里，该开一个学堂。我问他为什么我们村里该办学堂呢？他说：某村某村都有学堂了，所以我们这里也该开一个。这就是墨子说的"是犹曰：何故为室？曰：室以为室也"的理论。

墨子以为无论何种事物、制度、学说、观念，都有一个"为什么"。换言之，事事物物都有一个用处。知道那事物的用处，方才可以知道他的是非善恶。为什么呢？因为事事物物既是为应用的，若不解应用，便失了那事那物的原意了，便应该改良了。例如墨子讲"兼爱"，便说：

> 用而不可，虽我亦将非之。且焉有善而不可用者？（《兼爱·下》）

这是说能应"用"的便是"善"的；"善"的便是能应"用"的。譬如我说这笔"好"，为什么"好"呢？因为能中写，所以"好"。又如我说这会场"好"，为什么"好"呢？因为他能最合开会讲演的用，所以"好"。这便是墨子的"应用主义"。

应用主义又可叫做"实利主义"。儒家说："义也者，宜也。"宜即是"应该"。凡是应该如此做的，便是"义"。墨家说："义，利也。"（《经·上》篇。参看《非攻·下》首段）便进一层说，说凡事如此做去便可有利的即是"义"的。因为如此做才有利，所以"应该"如此做。义所以为"宜"，正因其为"利"。

墨子的应用主义，所以容易被人误会，都因为人把这"利"字、"用"字解错了。这"利"字并不是"财利"的利，这"用"也不是"财用"的用。墨子的"用"和"利"都是指人生行为而言。如今且让他自己下应用主义的界说：

> 子墨子曰："言足以迁行者常之，不足以迁行者勿常。不足以迁行而常之，是荡口也。"（《贵义》篇）

> 子墨子曰："言足以复行者常之，不足以举行者勿常。不足以举行而常之，是荡口也。"（《耕柱》篇）

这两条同一意思。《说文》说："迁，登也。"《诗经》有"迁于乔木"，《易》有"君子以见善则迁"，皆是"升高""进步"之意，两"举"字当是"迁"字之讹。"迁"字古写作暹，易讹作举（后人不解"举"字之义，故把"举行"两字连读，作一个动词解。于是又误改上一"举"字为"复"字）。六个"行"字，都该读去声，是名词，不是动词。六个"常"字，都与"尚"字通用（俞樾解《老子》"道可道非常道"一章说如此），"常"是"尊尚"的意思。这两章的意思，是说无论什么理论，什么学说，须要能改良人生的行为，始可推尚。若不能增进人生的行为，便不值得推尚了。

墨子又说：

> 今瞽者曰："巨者，白也（俞云，巨当作皑。皑者，皚之段字）。黔者，黑也。"虽明目者无以易之。兼白黑，使瞽取焉，不能知也。故我曰："瞽不知白黑"者，非以其名也，以其取也。

> 今天下之君子之名仁也，虽禹汤无以易之。兼仁与不仁，而使天下之君子取焉，不能知也。故我曰："天下之君子不知仁"者，非以其名也，亦以其取也。（《贵义》篇）

这话说得何等痛快？大凡天下人没有不会说几句仁义道德的话的，正如瞽子虽不曾见过白黑，也会说白黑的界说。须是到了实际上应用的时候，才知道口头的界说是没有用的。高谈仁义道德的人，也是如此。甚至有许多道学先生一味高谈王霸义利之辨，却实在不能认得韭菜和麦的分别。有时分别义利，辨入毫芒，及事到临头，不是随波逐流，便是手足无措。所以墨子说单知道几个好听的名词，或几句虚空的界说，算不得真"知识"。真"知识"在于能把这些观念来应用。

这就是墨子哲学的根本方法。后来王阳明的"知行合一"说，与此说多相似之点。阳明说："未有知而不行者。知而不行，只是未知。"很像上文所说"故我曰：天下之君子不知仁者，非以其名也，亦以其取也"之意。但阳明与墨子有绝不同之处。阳明偏向"良知"一方面，故说："尔那一点良知，是尔自家的准则。尔意念著处，他是便知是，非便知非。"墨子却不然，他的是非的"准则"，不是心内的良知，乃是心外的实用。简单说来，墨子是主张"义外"说的，阳明是主张"义内"说的（义外义内说见《孟子·告子》篇）。阳明的"知行合一"说，只是要人实行良知所命令。墨子的"知行合一"说，只是要把所知的能否实行，来定所知的真假，把所知的能否应用，来定所知的价值。这是两人的根本区别。

墨子的根本方法，应用之处甚多，说得最畅快的，莫如《非攻·上》篇。我且把这一篇妙文，抄来做我的"墨子哲学方法论"的结论罢：

> 今有一人，入人园圃，窃其桃李，众闻则非之，上为政者得则罚之。此何也？以亏人自利也。至攘人犬豕鸡豚者，其不义又甚入人园圃窃桃李。是何故也？以亏人愈多，其不仁兹甚，罪益厚。至入人栏厩，取人牛马者，其不仁义又甚攘人犬豕鸡豚。此何故也？以其亏人愈多。苟亏人愈多，其不仁兹甚，罪益厚。至杀不辜人也，扡其衣裘，取戈剑者，其不义又甚入人栏厩取人马牛。此何故也？以其亏人愈多。苟亏人愈多，其不仁兹甚矣，罪益厚。当此天下之君子皆知而非之，谓之"不义"。今至大为

"不义"攻国，则弗知非，从而誉之，谓之"义"。此可谓知义与不义之别乎？杀一人，谓之不义，必有一人死罪矣；若以此说往，杀十人，十重不义，必有十死罪矣；杀百人，百重不义，必有百死罪矣。当此，天下之君子皆知而非之，谓之"不义"。今至大为不义攻国，则弗知非，从而誉之，谓之"义"。情不知其不义也，故书其言以遗后世。若知其不义也，夫奚说书其不义以遗后世哉？今有人于此，少见黑曰黑，多见黑曰白，则以此人不知白黑之辨矣。少尝苦曰苦，多尝苦曰甘，则必以此人为不知甘苦之辨矣。今小为非则知而非之，大为非攻国，则不知非，从而誉之，谓之义。此可谓知义与不义之辨乎？是以知天下之君子，辨义与不义之乱也。

三表法

上章讲的，是墨子的哲学方法。本章讲的，是墨子的论证法。上章是广义的"逻辑"，本章是那"逻辑"的应用。

墨子说：

> 言必立仪。言而毋仪，譬犹运钧之上而言朝夕者也，是非利害之辨不可得而明知也。故言必有三表。何谓三表？……有本之者，有原之者，有用之者。
>
> 于何本之？上本之于古者圣王之事。
>
> 于何原之？下原察百姓耳目之实。
>
> 于何用之？发以为刑政，观其中国家百姓人民之利。
>
> 此所谓言有三表也。（《非命·上》。参观《非命·中》《非命·下》。《非命·中》述三表有误，此盖后人所妄加。）

这三表之中，第一和第二有时倒置。但是第三表（实地应用）才是最后一表。于此可见墨子的注重"实际应用"了。

这个论证法的用法，可举《非命》篇作例：

第一表，本之于古者圣王之事。墨子说：

> 然而今天下之士君子，或以命为有。盖（同盍）尝尚观于圣王之事？古者桀之所乱，汤受而治之。纣之所乱，武王受而治之。此世未易，民未渝，在于桀纣则天下乱，在于汤武则天下治，岂可谓有命哉？……先王之宪，亦尝有曰"福不可请而祸不可讳，敬无益，暴无伤"者乎？……先生之刑，亦尝有曰"福不可请而祸不可讳，敬无益，暴无伤"者乎？……先生之誓，亦尝有曰"福不可请而祸不可讳，敬无益，暴无伤"者乎？（《非命·上》）

第二表，原察百姓耳目之实。墨子说：

> 我所以知命之有与亡者，以众人耳目之情知有与亡。有闻之，有见之，谓之有。莫之闻，莫之见，谓之亡。……自古以及今。……亦尝有见命之物闻命之声者乎？则未尝有也。……（《非命·中》）

第三表，发以为刑政，观其中国家百姓人民之利。最重要的还是这第三表。

墨子说：

> 执有命者之言曰："上之所赏，命固且赏，非贤故赏也。上之所罚，命固且罚，非暴故罚也。"……是故治官府则盗窃，守城则崩叛；君有难则不死，出亡则不送。……昔上世之穷民，贪于饮食，惰于从事，是以衣食之财不足，而饥寒冻馁之忧至。不知曰："我罢不肖，从事不疾"；必曰："吾命固且贫。"昔上世暴王……亡失国家，倾覆社稷，不知曰："我罢不肖，为政不善"；必曰："吾命固失之。"……今用执有命者之言，则上不听治，下不从事。上不听治，则政乱；下不从事，则财用不足。……此特凶言之所自生而暴人之道也。（《非命·上》）

学者可参看《明鬼》下篇这三表的用法。

如今且仔细讨论这三表的价值。我们且先论第三表。第三表是"实际上的应用"，这一条的好处，上章已讲过了，如今且说他的流弊。这一条的最大的流弊在于把"用"字、"利"字解得太狭了，往往有许多事的用处或在几百年后，始可看出；或者虽用在现在，他的真用处不在表面上，却在骨子里。譬如墨子非乐，说音乐无用。为什么呢？因为（一）费钱财，（二）不能救百姓的贫苦，（三）不能保护国家，（四）使人变成奢侈的习惯。后来有一个程繁驳墨子道：

> 昔者诸侯倦于听治，息于钟鼓之乐；……农夫春耕夏耘秋收冬藏，息于瓴缶之乐。今夫子曰："圣王不为乐"，此譬之犹马驾而不税，弓张而不驰，无乃非有血气者之所不能至邪？（《三辩》）

这一问也从实用上作根据。墨子生来是一个苦行救世的宗教家，性有所偏，想不到音乐的功用上去，这便是他的非乐论的流弊了。

次论第二表。这一表（百姓耳目之实）也有流弊：（一）耳目所见所闻，是有限的。有许多东西，例如《非命》篇的"命"是看不见听不到的。（二）平常人的耳目最易错误迷乱。例如鬼神一事，古人小说上说得何等凿凿有据。我自己的朋友也往往说曾亲眼看见鬼，难道我们就可断定有鬼吗？（看《明鬼》篇）但是这一表虽然有弊，却极有大功用。因为中国古来哲学不讲耳目的经验，单讲心中的理想。例如老子说的：

> 不出户，知天下。不窥牖，知天道。其出弥远，其知弥少。

孔子虽说"学而不思则罔，思而不学则殆"，但是他所说的"学"，大都是读书一类，并不是"百姓耳目之实"。直到墨子始大书特书的说道：

> 天下之所以察知有与无之道者，必以众之耳目之实知有与亡为仪者也。诚或闻之见之，则必以为有。莫闻莫见，则必以为无。（《明鬼》）

这种注重耳目的经验，便是科学的根本。

次说第一表。第一表是"本之于古者圣王之事"。墨子最恨儒者"复古"的议论，所以《非儒》篇说：

> 儒者曰："君子必古言服，然后仁。"

> 应之曰："所谓古之言服者，皆尝新矣。而古人言之服之，则非君子也。"

墨子既然反对"复古"，为什么还要用"古者圣王之事"来作论证的标准呢？

原来墨子的第一表和第三表是同样的意思，第三表说的是现在和将来的实际应用，第一表说的是过去的实际应用。过去的经验阅历，都可为我们做一面镜子。古人行了有效，今人也未尝不可仿效；古人行了有害，我们又何必再去上当呢？所以说：

> 凡言凡动，合于三代圣王尧舜禹汤文武者，为之。

> 凡言凡动，合于三代暴王桀纣幽厉者，舍之。（《贵义》）

这并不是复古守旧，这是"温故而知新""彰往而察来"。《鲁问》篇说：

> 彭轻生子曰："往者可知，来者不可知。"子墨子曰："藉设而亲在百里之外，则遇难焉。期以一日也，及之则生，不及则死。今有固车良马于此，又有驽马四隅之轮于此，使子择焉，子将何乘？"对曰："乘良马固车，可以速至。"子墨子曰："焉在不知来？"（从卢校本）

这一条写过去的经验的效用。例如"良马固车可以日行百里""驽马四隅之轮不能行路"，都是过去的经验。有了这种经验，便可知道我如今驾了"良马固车"，今天定可赶一百里路。这是"彰往以察来"的方法。一切科学的律令，都与此同理。

墨子的宗教

上两章所讲，乃是墨子学说的根本观念。其余的兼爱、非攻、尚贤、尚同、非乐、非命、节用、节葬，都是这根本观念的应用。墨子的根本观念，在于人生行为上的应用。既讲应用，须知道人生的应用千头万绪，决不能预先定下一条"施诸四海而皆准，行诸百世而不悖"的公式。所以墨子说：

> 凡入国，必择务而从事焉。国家昏乱，则语之尚贤尚同。国家贫，则语之节用节葬。国家憙音湛湎，则语之非乐非命。国家淫僻无礼，则语之尊天事鬼。国家务夺侵凌，则语之兼爱非攻。故曰择务而从事焉。（《鲁问》）

墨子是一个创教的教主。上文所举的几项，都可称为"墨教"的信条。如今且把这几条分别陈说如下：

第一，天志。墨子的宗教，以"天志"为本。他说：

> 我有天志，譬若轮人之有规，匠人之有矩。轮匠执其规矩以度天下之方圆，曰：中者是也，不中者非也。今天下之士君子之书不可胜载，言语不可胜计；上说诸侯，下说列士。其于仁义，则大相远也。何以知之？曰：我得天下之明法度以度之。（《天志·上》。参考《天志·中》《天志·下》及《法仪》篇）

这个"天下之明法度"便是天志。但是天的志是什么呢？墨子答道：

> 天欲人之相爱相利而不欲人之相恶相贼也。（《法仪》篇。《天志·下》说："顺天之意何若？曰：兼爱天下之人。"与此同意）

何以知天志便是兼爱呢？墨子答道：

> 以其兼而爱之兼而利之也。奚以知天之兼而爱之兼而利之也？以其兼而有之兼而食之也。（《法仪》篇。《天志·下》意与此同而语繁，故不引）

第二，兼爱。天的志要人兼爱，这是宗教家的墨子的话。其实兼爱是件实际上的要务。墨子说：

> 圣人以治天下为事者也，不可不察乱之所自起。当（通尝）察乱何自起？起不相爱。……盗爱其室，不爱其异室，故窃

> 异室以利其室。贼爱其身，不爱人，故贼人以利其身。……大夫
> 各爱其家，不爱异家，故乱异家以利其家。诸侯各爱其国，不爱
> 异国，故攻异国以利其国。……察此何自起，皆起不相爱。若使
> 天下……视人之室若其室，谁窃？视人身若其身，谁贼？……视
> 人家若其家，谁乱？视人之国若其国，谁攻？……故天下兼相爱
> 则治，交相恶则乱。（《兼爱·上》）

《兼爱·中》《兼爱·下》两篇都说因为要"兴天下之利，除天下之害"，所以要兼爱。

第三，非攻。不兼爱是天下一切罪恶的根本，而天下罪恶最大的，莫如"攻国"。天下人无论怎样高谈仁义道德，若不肯"非攻"，便是"明小物而不明大物"（读《非攻·上》）。墨子说：

> 今天下之所（以）誉义（旧作善，今据下文改）者，……
> 为其上中天之利，而中中鬼之利，而下中人之利，故誉之欤？虽
> 使下愚之人必曰：将为其上中天之利，而中中鬼之利，而下中人
> 之利，故誉之。……今天下之诸侯将，犹多皆（不）免攻伐并
> 兼，则是〔有〕（此字衍文）誉义之名而不察其实也。此譬犹盲
> 者之与人同命黑白之名而不能分其物也。则岂谓有别哉？（《非
> 攻·下》）

墨子说"义便是利"（《墨经》上也说"义，利也"，此乃墨家遗说），义是名，利是实。义是利的美名，利是义的实用。兼爱是"义的"，攻国是"不义的"，因为兼爱是有利于天鬼国家百姓的，攻国是有害于天鬼国家百姓的。所以《非攻·上》只说得攻国的"不义"，《非攻·中》《非攻·下》只说得攻国的"不利"。因为不利，所以不义。你看他说：

> 计其所自胜，无所可用也。计其所得，反不如所丧者之多。

又说：

> 虽四五国则得利焉，犹谓之非行道也。譬之医之药人之有病
> 者然。今有医于此，和合其祝药之于天下之有病者而药之。万人食

此，若医四五人得利焉，犹谓之非行药也。（《非攻·中》《非攻·下》）

可见墨子说的"利"不是自私自利的"利"，是"最大多数的最大幸福"。这是"兼爱"的真义，也便是"非攻"的本意。

第四，明鬼。儒家讲丧礼祭礼，并非深信鬼神，不过是要用"慎终追远"的手段来做到"民德归厚"的目的。所以儒家说："有义不义，无祥不祥。"（《公孟》篇）这竟和"作善，降之百祥；作不善，降之百殃"的话相反对了（《易·文言》："积善之家必有余庆，积不善之家必有余殃。"乃是指人事的常理，未必指着一个主宰祸福的鬼神天帝）。墨子是一个教主，深恐怕人类若没有一种行为上的裁制力，便要为非作恶。所以他极力要说明鬼神不但是有的，并且还能作威作福，"能赏贤而罚暴"。他的目的要人知道：

吏治官府之不洁廉，男女之为无别者，有鬼神见之；民之为淫暴寇乱盗贼，以兵刃毒药水火退（孙诒让云：退是迓之讹，迓通御）无罪人乎道路，夺人车马衣裘以自利者，有鬼神见之。（《明鬼》）

墨子明鬼的宗旨，也是为实际上的应用，也是要"民德归厚"。但是他却不肯学儒家"无鱼而下网"的手段，他是真信有鬼神的。

第五，非命。墨子既信天，又信鬼，何以不信命呢？原来墨子不信命定之说，正因为他深信天志，正因为他深信鬼神能赏善而罚暴。老子和孔子都把"天"看作自然而然的"天行"，所以以为凡事都由天定，不可挽回。所以老子说"天地不仁"，孔子说"获罪于天，无所祷也"。墨子以为天志欲人兼爱，不欲人相害，又以为鬼神能赏善罚暴，所以他说能顺天之志，能中鬼之利，便可得福；不能如此，便可得祸。祸福全靠个人自己的行为，全是各人的自由意志招来的，并不由命定。若祸福都由命定，那便不做好事也可得福；不做恶事，也可得祸了。若人人都信命定之说，便没有人努力去做好事了。（"非命"说之论证，

已见上章）

第六，节葬短丧。墨子深恨儒家一面不信鬼神，一面却又在死人身上做出许多虚文仪节。所以他对于鬼神，只注重精神上的信仰，不注重形式上的虚文。他说儒家厚葬久丧有三大害：（一）国家必贫，（二）人民必寡，（三）刑政必乱（看《节葬》篇）。所以他定为丧葬之法如下：

> 桐棺三寸，足以朽体。衣衾三领，足以覆恶（《节葬》）。及其葬也，下毋及泉，上毋通臭（《节葬》）。无椁（《庄子·天下》篇），死无服（《庄子·天下》篇），为三日之丧（《公孟》篇。《韩非子·显学》篇作"冬日冬服，夏日夏服，服丧三月"。疑墨家各派不同，或为三日，或为三月）。而疾而服事，人为其所能以交相利也。（《节葬》）

第七，非乐。墨子的非乐论，上文已约略说过。墨子所谓"乐"，是广义的"乐"。如《非乐·上》所说："乐"字包括"钟鼓琴瑟竽笙之声""刻镂文章之色""刍豢煎炙之味""高台厚榭邃野之居"。可见墨子对于一切"美术"，如音乐、雕刻、建筑、烹调等等，都说是"奢侈品"，都是该废除的。这种观念固是一种狭义功用主义的流弊，但我们须要知道墨子的宗教"以自苦为极"，因要"自苦"，故不得不反对一切美术。

第八，尚贤。那时的贵族政治还不曾完全消灭，虽然有些奇才杰士，从下等社会中跳上政治舞台，但是大多数的权势终在一般贵族世卿手里，就是儒家论政，也脱不了"贵贵""亲亲"的话头。墨子主张兼爱，所以反对种种家庭制度和贵族政治。他说：

> 今王公大人有一裳不能制也，必藉良工；有一牛羊，不能杀也，必藉良宰。……逮至其国家之乱，社稷之危，则不知使能以治之。亲戚，则使之。无故富贵，面目姣好，则使之。（《尚贤·中》）

所以他讲政治，要"尊尚贤而任使能。不党父兄，不偏贵富，不嬖颜色。

贤者举而上之，富而贵之，以为官长。不肖者抑而废之，贫而贱之，以为徒役。"（《尚贤·中》）

第九，尚同。墨子的宗教，以"天志"为起点，以"尚同"为终局。天志就是尚同，尚同就是天志。

尚同的"尚"字，不是"尚贤"的尚字。尚同的尚字，和"上下"的上字相通，是一个状词，不是动词。"尚同"并不是推尚大同，乃是"取法乎上"的意思。墨子生在春秋时代之后，眼看诸国相征伐，不能统一。那王朝的周天子，是没有统一天下的希望的了。那时"齐晋楚越四分中国"，墨子是主张非攻的人，更不愿四国之中哪一国用兵力统一中国，所以他想要用"天"来统一天下。他说：

> 古者民始生未有刑政之时，盖其语，人异义。是以一人则一义，二人则二义，十人则十义。其人兹众，其所谓"义"者亦兹众。是以人是其义，以非人之义，故交相非也，是以……天下之乱，若禽兽然。
>
> 夫明虖天下之所以乱者，生于无政长，是故选天下之贤可者，立以为天子。……又选择天下之贤可者，置立之，以为三公。天子三公既已立，以天下为博大，远国异土之民，是非利害之辨，不可一二而明知，故画分万国，立诸侯国君。……又选择其国之贤可者，立之以为正长。
>
> 正长既已具，天子发政于天下之百姓，言曰：闻善而不善，皆以告其上。上之所是，必皆是之；所非，必皆非之。上有过，则规谏之；下有善，则傍荐之（孙说傍与访通，是也。古音访与傍同声）。上同而不下比者，此上之所赏而下之所誉也。

（《尚同·上》）

"上之所是，必皆是之；所非，必皆非之"，"上同而不下比"，这叫做"尚同"。要使乡长"壹同乡之义"；国君"壹同国之义"；天子"壹同天下之义"。但是这还不够。为什么呢？因为天子若成了至高无上的标准，又没有限制，岂不成了专制政体。所以墨子说：

> 夫既上同乎天子而未上同乎天者，则天灾将犹未止
> 也。……故古者圣王明天鬼之所欲，而避天鬼之所憎，以求兴天
> 下之利，除天下之害。（《尚同·中》）

所以我说"天志就是尚同，尚同就是天志"。天志尚同的宗旨，要使各种政治的组织之上，还有一个统一天下的"天"。所以我常说，墨教如果曾经做到欧洲中古的教会的地位，一定也会变成一种教会政体；墨家的"巨子"也会变成欧洲中古的"教王"（Pope）。

以上所说九项，乃是"墨教"的教条，在哲学史上，本来没有什么重要。依哲学史的眼光看来，这九项都是墨学的枝叶。墨学的哲学的根本观念，只是前两章所讲的方法。墨子在哲学史上的重要，只在于他的"应用主义"。他处处把人生行为上的应用，作为一切是非善恶的标准。兼爱、非攻、节用、非乐、节葬、非命，都不过是几种特别的应用。他又知道天下能真知道"最大多数的最大幸福"的，不过是少数人，其余的人，都只顾眼前的小利，都只"明小物而不明大物"。所以他主张一种"贤人政治"，要使人"上同而不下比"。他又恐怕这还不够，他又是一个很有宗教根性的人，所以主张把"天的意志"作为"天下之明法"，要使天下的人都"上同于天"。因此，哲学家的墨子便变成墨教的教主了。

杨朱的哲学主张

杨朱其人

杨朱的年代，颇多异说。有的说他上可以见老聃，有的说他下可以见梁王。据《孟子》所说，那时杨朱一派的学说已能和儒家、墨家三分中国，大概那时杨朱已死了。《杨朱》篇记墨子弟子禽子与杨朱问答，此节以哲学史的先后次序看来，似乎不甚错。大概杨朱的年代当在西历纪元前440年与前360年之间。

杨朱的哲学，也是那个时势的产儿。当时的社会政治都是很纷乱的，战事连年不休，人民痛苦不堪。这种时代发生一种极端消极的哲学，是很自然的事。况且自老子以后，"自然主义"逐渐发达。老子一方面主张打破一切文物制度，归于无知无欲的自然状态；但老子一方面又说要"虚其心，实其腹""为腹不为目""甘其食，美其服"。可见老子所攻击的是高等的欲望，他并不反对初等的嗜欲。后来杨朱的学说便是这一种自然主义的天然趋势了。

无名主义

杨朱哲学的根本方法在于他的无名主义。他说：

> 实无名，名无实。名者，伪而已矣。

又说：

> 实者，固非名之所与也。

中国古代哲学史上，"名实"两字乃是一个极重要的问题。如今先解释这两个字的意义，再略说这个问题的历史。按《说文》："實，富也。从宀贯，贯为货物。"又"寔，止也（段玉裁改作"正也"，非也），从宀，是声。"止字古通"此"字。《说文》："此，止也。"《诗经·召南》毛传与《韩奕》郑笺皆说："寔，是也"。又《春秋》桓六年，"寔来"。《公羊传》曰："寔来者何？犹云是人来也。"《穀梁传》曰："寔来者，是来也。"寔字训止，训此，训是，训是人，即是白话的"这个"。古文"实""寔"两字通用。《公孙龙子》说："天地与其所产焉，物也。物以物其所物而不过焉，实也。"名学上的"实"字，含有"寔"字"这个"的意思，和"实"字"充实"的意思。两义合起来说，"实"即是"这个物事"。天地万物每个都是一个"实"。每一个"实"的称谓便是那"实"的"名"。《公孙龙子》说："夫名，实谓也。"同类的实，可有同样的名。你是一个实，他是一个实，却同有"人"的名。如此看来，可以说实是个体的，特别的；名是代表实的共相的（虽私名〔本名〕也是代表共相的。例如"梅兰芳"代表今日的梅兰芳，和今年去年前年的梅兰芳。类名更不用说了）。有了代表共相的名，可以包举一切同名的事物。所以在人的知识上，名的用处极大。老子最先讨论名的用处，但老子主张"无知无欲"，故要人复归于"无名之朴"。孔子深知名的用处，故主张正名，以为若能正名，便可用全称的名，来整治个体的事物。儒家所注重的名器、礼仪、名分等等，都是正名的手续。墨子注重实用，故提出一个"实"字，攻击当时的君子"誉义之名而不察其实"。杨朱更趋于极端，他只承认个体的事物（实），不认全称的名。所以说："实无名，名无实。名者，伪而已矣。"伪是"人为的"。一切名都是人造的，没有实际的存在，故说"实无名，名无实"。这种学说，最近西洋的"唯名主义"（Nominalism）。唯名主义以为"名"不过是人造的空名，没有实体，故唯名论其实即是无名论。无名论的应用有两种趋势，一是把一切名器礼文都看作人造的虚文，一是只认个人的重要，轻视人伦的关系，故趋于个人主义。

为我

杨朱的人生哲学只是一种极端的"为我主义"。杨朱在哲学史上占一个重要的位置，正因为他敢提出这个"为我"的观念，又能使这个观念有哲学上的根据。他说：

> 有生之最灵者，人也。人者，爪牙不足以供守卫，肌肤不足以自捍御，趋走不足以逃利害，无毛羽以御寒暑，必将资物以为养，性任智而不恃力。故智之所贵，存我为贵；力之所贱，侵物为贱。

这是为我主义的根本观念。一切有生命之物，都有一个"存我的天性"。植物动物都同具此性，不单是人所独有。一切生物的进化：形体的变化，机能的发达，都由于生物要自己保存自己，故不得不变化，以求适合于所居的境地。人类知识发达，群众的观念也更发达，故能于"存我"观念之外，另有"存群"的观念；不但要保存自己，还要保存家族，社会，国家；能保存得家族，社会，国家，方才可使自己的生存格外稳固。后来成了习惯，社会往往极力提倡爱群主义，使个人崇拜团体的尊严，终身替团体尽力，从此遂把"存我"的观念看作不道德的观念。试看社会提倡"殉夫""殉君""殉社稷"等等风俗，推尊为道德的行为，便可见存我主义所以不见容的原因了。其实存我观念本是生物天然的趋向，本身并无什么不道德。杨朱即用这个观念作为他的"为我主义"的根据。他又恐怕人把存我观念看作损人利己的意思，故刚说："智之所贵，存我为贵。"忙接着说："力之所贱，侵物为贱。"他又说：

> 古之人损一毫利天下，不与也。悉天下奉一身，不取也。

人人不损一毫，人人不利天下，天下治矣。

杨朱的为我主义，并不是损人利己。他一面贵"存我"，一面又贱"侵物"；一面说"损一毫利天下不与也"，一面又说"悉天下奉一身不取也"。他只要"人人不损一毫，人人不利天下"。这是杨朱的根本学说。

悲观

杨朱主张为我。凡是极端为我的人，没有一个不抱悲观的。你看杨朱说：

> 百年寿之大齐。得百年者，千无一焉。设有一者，孩提以逮昏老，几居其半矣。夜眠之所弭，昼觉之所遗，又几居其半矣。痛疾、哀苦、亡失、忧惧，又几居其半矣。量十数年之中，逌然而自得，亡介焉之虑者，亦亡一时之中尔。则人之生也奚为哉？奚乐哉？为美厚尔，为声色尔。而美厚复不可常厌足，声色不可常玩闻，乃复为刑赏之所禁劝，名法之所进退。遑遑尔，竞一时虚誉，规死后之余荣；偊偊尔，慎耳目之观听，惜身意之是非；徒失当年之至乐，不能自肆于一时：重囚累梏，何以异哉？

> 太古之人，知生之暂来，知死之暂往。故从心而动，不违自然所好；当身之娱，非所去也，故不为名所劝。从性而游，不逆万物所好；死后之名，非所取也，故不为刑所及。名誉先后，年命多少，非所量也。

又说：

> 万物所异者，生也。所同者，死也。生则贤愚贵贱，是所异也。死则臭腐消灭，是所同也。……十年亦死，百年亦死；仁圣亦死，凶愚亦死。生则尧舜，死则腐骨；生则桀纣，死则腐骨。腐骨一也，孰知其异？且趣当生，奚遑死后？

大概这种厌世的悲观，也都是时势的反动。痛苦的时势，生命财产朝不保夕，自然会生出两种反动：一种是极端苦心孤行的救世家，像墨子、耶稣一流人；一种就是极端悲观的厌世家，像杨朱一流人了。

养生

上文所引"从心而动，不违自然所好；……从性而游，不逆万物所好"，已是杨朱养生论的大要。杨朱论养生，不要太贫，也不要太富。太贫了"损生"，太富了"累身"。

> 然则……其可焉在？曰可在乐生，可在逸身。善乐生者不窭，善逸身者不殖。

又托为管夷吾说养生之道：

> 肆之而已，勿壅勿阏。……恣耳之所欲听，恣目之所欲视，恣鼻之所欲向，恣口之所欲言，恣体之所欲安，恣意之所欲行。

又托为晏平仲说送死之道：

> 既死岂在我哉？焚之亦可，沉之亦可，瘗之亦可，露之亦可，衣薪而弃诸沟壑亦可，衮衣绣裳而纳诸石椁亦可：唯所遇焉。

杨朱所主张的只是"乐生""逸身"两件。他并不求长寿，也不求不死。

> 孟孙阳问杨子曰："有人于此，贵生爱身以蕲不死，可乎？"曰："理无不死。"

> "以蕲久生，可乎？"曰："理无久生。……且久生奚为？五情所好恶，古犹今也；四体安危，古犹今也；世事苦乐，古犹今也；变易治乱，古犹今也。既见之矣，既闻之矣，既更之矣，百年犹厌其多，况久生之苦也乎？"

> 孟孙阳曰："若然，速亡愈于久生，则践锋刃，入汤火，得所志矣。"杨子曰："不然。既生则废而任之，究其所欲以俟于死。将死则废而任之，究其所之以放于尽。无不废，无不任，何遽迟速于其间乎？"

不求久生不死，也不求速死，只是"从心而动，任性而游"。这是杨朱的"自然主义"。

庄子的名学与人生哲学

庄子的名学

庄子曾与惠施往来。惠施曾说："万物毕同毕异：此之谓大同异。"但是惠施虽知道万物毕同毕异，他却最爱和人辩论，"终身无穷"。庄周既和惠施来往，定然知道这种辩论。况且那时儒墨之争正烈，自然有许多激烈的辩论。庄周是一个旁观的人，见了这种争论，觉得两边都有是有非，都有长处，也都有短处。所以他说：

> 道恶乎隐而有真伪？言恶乎隐而有是非？道恶乎往而不存？言恶乎存而不可？道隐于小成，言隐于荣华，故有儒墨之是非，以是其所非而非其所是。（《齐物论》）

"小成"是一部分不完全的；"荣华"是表面上的浮词。因为所见不远，不能见真理的全体；又因为语言往往有许多不能免的障碍陷阱，以致儒墨两家各是其是而非他人所是，各非其非而是他人所非。其实都错了。所以庄子又说：

> 辩也者，有不见止。（同上）

又说：

> 大知闲闲（简文云：广博之貌），小知间间（《释文》

云：有所间别也）。大言淡淡（李颐云：同是非也。今本皆作炎炎。《释文》云：李作淡。今从之），小言詹詹（李云：小辩之貌）。（同上）

因为所见有偏，故有争论。争论既起，越争越激烈，偏见便更深了。偏见越争越深了，如何能分得出是非真伪来呢？所以说：

既使我与若辩矣。若胜我，我不若胜，若果是也？我果非也耶？我胜若，若不我胜，我果是也？而果非也耶？其或是也，或非也耶？其俱是也，其俱非也耶？我与若不能相知也，则人固受其黮暗，吾谁使正之？使同乎若者正之，既与若同矣，恶能正之？使同乎我者正之，既同乎我矣，恶能正之？使异乎我与若者正之，既异乎我与若矣，恶能正之；使同乎我与若者正之，既同乎我与若矣，恶能正之？然则我与若与人俱不能相知也，而待彼也耶？（同上）

这种完全的怀疑主义，和墨家的名学恰成反对。《墨辩·经·上》说：

辩，争彼也。辩胜，当也。《经说》曰：辩，或谓之牛，（或）谓之非牛。是争彼也。是不俱当。不俱当，必或不当。

《经·下》说：

谓辩无胜，必不当，说在辩。《经说》曰：谓，非谓同也，则异也。同则或谓之狗，其或谓之犬也。异则（马）或谓之牛，牛或谓之马也。俱无胜，是不辩也。辩也者，或谓之是，或谓之非。当者胜也。

辩胜便是当，当的终必胜：这是墨家名学的精神。庄子却大不以为然。他说你就胜了我，难道你便真是了，我便真不是了吗？墨家因为深信辩论可以定是非，故造出许多论证的方法，遂为中国古代名学史放一大光彩。庄子因为不信辩论可以定是非，所以他的名学的第一步只是破坏的怀疑主义。

但是庄子的名学，却也有建设的方面。他说因为人有偏蔽不见之处，所以争论不休。若能把事理见得完全透彻了，便不用争论了。但是如何才能见到事理之全呢？庄子说：

> 欲是其所非而非其所是，则莫若以明。（《齐物论》）

"以明"，是以彼明此，以此明彼。郭象注说："欲明无是无非，则莫若还以儒墨反复相明。反复相明，则所是者非是，而所非者非非。非非则无非，非是则无是。"庄子接着说：

> 物无非彼，物无非是。自彼则不见，自知则知之。故曰：彼出于是，是亦因彼，彼是方生之说也。虽然，方生方死，方死方生。方可方不可，方不可方可。因是因非，因非因是。是以圣人不由而照之于天，亦因是也。是亦彼也。彼亦是也，彼亦一是非，此亦一是非。果且有彼是乎哉？果且无彼是乎哉？

这一段文字极为重要。庄子名学的精义全在于此。"彼"即是"非是"。"是"与"非是"，表面上是极端相反对的。其实这两项是互相成的。若没有"是"，更何处有"非是"？因为有"是"，才有"非是"。因为有"非是"，所以才有"是"。故说："彼出于是，是亦因彼。"《秋水》篇说：

> 以差观之，因其所大而大之，则万物莫不大；因其所小而小之，则万物莫不小。知天地之为稊米也，知毫末之为丘山也，则差数睹矣。
>
> 以功观之，因其所有而有之，则万物莫不有；因其所无而无之，则万物莫不无。知东西之相反而不可以相无，则功分定矣。
>
> 以趣观之，因其所然而然之，则万物莫不然；因其所非而非之，则万物莫不非。知尧桀之自然而相非，则趣操睹矣。

东西相反而不可相无，尧桀之自是而相非，即是"彼出于是，是亦因彼"的明例。"东"里面便含有"西"，"是"里面便含有"非是"。东西相反而不可相无，彼是相反而实相生相成。所以《齐物论》接着说：

> 彼是莫得其偶，谓之道枢（郭注：偶，对也。彼是相对而圣

> 人两顺之。故无心者，与物冥而未尝有对于天下）。枢始得其环
>
> 中，以应无穷。是亦一无穷，非亦一无穷也。故曰：莫若以明。

这种议论，含有一个真理。天下的是非，本来不是永远不变的。世上无不变之事物，也无不变之是非。古代用人为牺牲，以祭神求福，今人便以为野蛮了。古人用生人殉葬，今人也以为野蛮了。古人以蓄奴婢为常事，如今文明国都废除了。百余年前，中国士夫喜欢男色，如袁枚的《李郎曲》，说来津津有味，毫不以为怪事，如今也废去了。西方古代也尚男色，哲学大家柏拉图于所著《一席话》（Symposium）也畅谈此事，不以为怪。如今西洋久已公认此事为野蛮陋俗了。这都是显而易见之事。又如古人言"君臣之义无所逃于天地之间"，又说"不可一日无君"。如今便有大多数人不认这话了。又如古人有的说人性是善的，有的说是恶的，有的说是无善无恶可善可恶的。究竟谁是谁非呢？……举这几条，以表天下的是非也随时势变迁，也有进化退化。这便是庄子"是亦一无穷，非亦一无穷"的真义。《秋水》篇说：

> 昔者尧舜让而帝，之哙让而绝；汤武争而王，白公争而灭。由此观之，争让之礼，尧桀之行，贵贱有时，未可以为常也。……故曰："盖师是而无非，师治而无乱乎？"是未明天地之理万物之情者也。……帝王殊禅，三代殊继。差其时，逆其俗者，谓之篡夫。当其时，顺其俗者，谓之义之徒。

这一段说是非善恶随时势变化，说得最明白。如今的人，只是不明此理，所以生在二十世纪，却要去摹仿那四千年前的尧舜；更有些人，教育二十世纪的儿童，却要他们去学做二三千年前的圣贤！

这个变化进化的道德观念和是非观念，有些和德国的海智尔（今译黑格尔）相似。海智尔说人世的真伪是非，有一种一定的进化次序。先有人说"这是甲"，后有人说"这是非甲"，两人于是争论起来了。到了后来，有人说："这个也不是甲，也不是非甲。这个是乙。"这乙便是甲与非甲的精华，便是集甲与非甲之大成。过了一个时代，又有人出

来说"这是非乙"，于是乙与非乙又争论起来了。后来又有人采集乙与非乙的精华，说"这是丙"。海智尔以为思想的进化，都是如此。今用图表示如下：

（1）这是"甲"。

（2）这是"非甲"。

（3）这是"乙"。

（4）这是"非乙"。

（5）这是"丙"。

（6）这是"非丙"。

（7）这是"丁"。

这就是庄子说的："彼出于是，是亦因彼。……是亦彼也，彼亦是也。……彼亦一是非，此亦一是非。……是亦一无穷，非亦一无穷也。"

以上所说，意在指点出庄子名学的一段真理。但是庄子自己把这学说推到极端，便生出不良的效果。他以为是非既由于偏见，我们又如何能知自己所见不偏呢？他说：

庸诒知吾所谓知之非不知耶？庸诒知吾所谓不知之非知耶？（《齐物论》）

吾生也有涯，而知也无涯。以有涯随无涯，殆已。（《养生主》）

计人之所知，不若其所不知；其生之时，不若其未生之时。以其至小，求穷其至大之域，是故迷乱而不能自得也。（《秋水》）

"是亦一无穷，非亦一无穷"。我们有限的知识，如何能断定是非？倒不如安分守己听其自然罢。所以说：

可乎可，不可乎不可。道行之而成，物谓之而然。恶乎然？然于然。恶乎不然？不然于不然。物固有所然，物固有所可。无物不然，无物不可。故为是举莛与楹（司马彪云：莛，屋

梁也。楹，屋柱也。故郭注云：夫莛横而楹纵），厉与西施，恢
恑憰怪，道通为一。其分也，成也。其成也，毁也。凡物无成与
毁，复通为一。唯达者知通为一，为是不用而寓诸庸。庸也者，
用也。用也者，通也。通也者，得也。适得而几矣。因是已。
（《齐物论》）

这种理想，都由把种种变化都看作天道的运行。所以说："道行之而成，
物谓之而然。"既然都是天道，自然无论善恶好丑，都有一个天道的作
用。不过我们知识不够，不能处处都懂得是什么作用罢了。"物固有所
然，物固有所可；无物不然，无物不可"，四句是说无论什么都有存在的
道理，既然如此，世上种种的区别，纵横、善恶、美丑、分合、成毁……
都是无用的区别了。既然一切区别都归无用，又何必要改良呢？又何必要
维新革命呢？庄子因为能"达观"一切，所以不反对固有社会；所以要
"不谴是非，以与世俗处"。他说："唯达者知通为一，为是不用而寓诸
庸。"庸即是庸言庸行之庸，是世俗所通行通用的。所以说："庸也者，
用也。用也者，通也。通也者，得也。"既为世俗所通用，自然与世俗相
投相得。所以又说："适得而几矣，因是已。"因即是"仍旧贯"；即是
依违混同，不肯出奇立异，正如上篇所引的话："物之生也，若驰若骤，
无动而不变，无时而不移。何为乎？何不为乎？夫固将自化。"万物如
此，是非善恶也是如此。何须人力去改革呢？所以说：

> 与其誉尧而非桀也，不如两忘而化其道。（《大宗师》）

这种极端"不谴是非"的达观主义，即是极端的守旧主义。

庄子的人生哲学

上文我说庄子的名学的结果，便已侵入人生哲学的范围了。庄子的人
生哲学，只是一个达观主义。达观本有多种区别，上文所说，乃是对于是
非的达观。庄子对于人生一切寿夭、生死、祸福，也一概达观，一概归到
命定。这种达观主义的根据，都在他的天道观念。试看上章所引的话：

> 化其万化而不知其禅之者。焉知其所终？焉知其所始？正
> 而待之而已耳。

因为他把一切变化都看作天道的运行，又把天道看得太神妙不可思议了，所以他觉得这区区的我哪有做主的地位。他说：

> 庸讵知吾所谓"天"之非"人"乎？所谓"人"之非"天"乎？

那《大宗师》中说子舆有病，子祀问他，"女恶之乎？"子舆答道：

> 亡。予何恶？浸假而化予之左臂以为鸡，予因以求时夜。
> 浸假而化予之右臂以为弹，予因以求鸮炙。浸假而化予之尻以为
> 轮，以神为马，予因而乘之，岂更驾哉？……且夫物之不胜天，
> 久矣，吾又何恶焉？

后来子来又有病了，子犁去看他，子来说：

> 父母于子，东西南北，唯命是从。阴阳于人，不翅于父母。
> 彼近吾死而我不听，我则悍矣，彼何罪焉？夫大块载我以形，劳
> 我以生，佚我以老，息我以死。故善吾生者，乃所以善吾死也。
> 今大冶铸金，金踊跃曰："我且必为镆铘？"大冶必以为不祥之
> 金。今一犯人之形而曰："人耳！人耳！"夫造化者必以为不祥
> 之人。今一以天地为大炉，以造化为大冶，恶乎往而不可哉？

又说子桑临终时说道：

> 吾思夫使我至此极者而弗得也。父母岂欲我贫哉？天无私
> 覆，地无私载，天地岂私贫我哉？求其为之者而不得也。然而至
> 此极者，命也夫！

这几段把"命"写得真是《大宗师》篇所说"物之所不得遁"，既然不得遁逃，不如还是乐天安命。所以又说：

> 古之真人，不知说生，不知恶死。其出不䜣，其入不距。
> 翛然而往，翛然而来而已矣。不忘其所始，不求其所终。受而喜
> 之，忘而复之。是之谓不以心捐（一本作损，一本作楫）道，不

以人助天。是之谓真人。

《养生主》篇说庖丁解牛的秘诀只是"依乎天理，因其固然"八个字。庄子的人生哲学，也只是这八个字。所以《养生主》篇说老聃死时，秦失道：

> 适来，夫子时也。适去，夫子顺也。安时而处顺，哀乐不能入也。

"安时而处顺"，即是"依乎天理，因其固然"，都是乐天安命的意思。《人间世》篇又说蘧伯玉教人处世之道，说：

> 彼且为婴儿，亦与之为婴儿。彼且为无町畦，亦与之为无町畦。彼且为无崖，亦与之为无崖。达之，入于无疵。

这种话初看去好像是高超得很。其实这种人生哲学的流弊，重的可以养成一种阿谀依违、苟且媚世的无耻小人；轻的也会造成一种不关社会痛痒、不问民生痛苦，乐天安命，听其自然的废物。

结论

庄子的哲学，总而言之，只是一个出世主义。因为他虽然与世人往来，却不问世上的是非、善恶、得失、祸福、生死、喜怒、贫富，……一切只是达观，一切只要"正而待之"，只要"依乎天理，因其固然"。他虽在人世，却和不在人世一样，眼光见地处处都要超出世俗之上，都要超出"形骸之外"。这便是出世主义。因为他要人超出"形骸之外"，故《人间世》和《德充符》两篇所说的那些支离疏，兀者王骀，兀者申徒嘉，兀者叔山无趾，哀骀它，阐跂支离无脤，瓮㼜大瘿，或是天生，或由人刑，都是极其丑恶残废的人，却都能自己不觉得残丑，别人也都不觉得他们的残丑，都和他们往来，爱敬他们。这便是能超出"形骸之外"。《德充符》篇说：

> 自其异者视之，肝胆楚越也。自其同者视之，万物皆一也。……物视其所一，而不见其所丧，视丧其足，犹遗土也。

这是庄子哲学的纲领。他只要人能于是非、得失、善恶、好丑、贫富、贵贱，……种种不同之中，寻出一个同的道理。惠施说过"万物毕同毕异，此之谓大同异"。庄子只是要人懂得这个道理，故说："自其异者视之，肝胆楚越也。自其同者视之，万物皆一也。"庄子的名学和人生哲学，都只是要人知道"万物皆一"四个大字。他的"不谴是非""外死生""无终始""无成与毁"，……都只是说"万物皆一"。《齐物论》说：

> 天下莫大于秋毫之末，而太山为小。莫寿于殇子，而彭祖为夭。天地与我并生，而万物与我为一。

我曾用一个比喻来说庄子的哲学道：譬如我说我比你高半寸，你说你比我高半寸。你我争论不休。庄子走过来排解道："你们二位不用争了罢，我刚才在那爱拂儿塔上（Eiffel Tower在巴黎，高九百八十四英尺有奇，为世界第一高塔）看下来，觉得你们二位的高低实在没有什么区别，何必多争，不如算作一样高低罢。"他说的"辩也者，有不见也"只是这个道理。庄子这种学说，初听了似乎极有道理。却不知世界上学识的进步只是争这半寸的同异；世界上社会的维新，政治的革命，也只是争这半寸的同异。若依庄子的话，把一切是非同异的区别都看破了，说太山不算大，秋毫之末不算小；尧未必是，桀未必非：这种思想、见地固是"高超"，其实可使社会国家世界的制度习惯思想永远没有进步，永远没有革新改良的希望。庄子是知道进化的道理，但他不幸把进化看作天道的自然，以为人力全无助进的效能，因此他虽说天道进化，却实在是守旧党的祖师。他的学说实在是社会进步和学术进步的大阻力。

荀子以前的儒家

《大学》与《中庸》

研究古代儒家的思想，有一层大困难。因为那些儒书，这里也是"子曰"，那里也是"子曰"。正如上海的陆稿荐，东也是，西也是，只不知哪一家是真陆稿荐（此不独儒家为然。希腊哲学亦有此弊。柏拉图书中皆以梭格拉底为主人。又披塔格拉（Pythagoras）（今译毕达哥拉斯）学派之书，多称"夫子曰"）。我们研究这些书，须要特别留神，须要仔细观察书中的学说是否属于某个时代。即如《礼记》中有许多儒书，只有几篇可以代表战国时代的儒家哲学。我们如今只用一部《大学》，一部《中庸》，一部《孟子》，代表西历前第四世纪和第三世纪初年的儒家学说。

《大学》一书，不知何人所作。书中有"曾子曰"三字，后人遂以为是曾子和曾子的门人同作的。这话固不可信。但是这部书在《礼记》内比了那些《仲尼燕居》《孔子闲居》诸篇，似乎可靠。《中庸》古说是孔子之孙子思所作。大概《大学》和《中庸》两部书都是孟子、荀子以前的儒书。我这句话，并无他种证据，只是细看儒家学说的趋势，似乎孟子、荀子之前总该有几部这样的书，才可使学说变迁有线索可寻。不然，那极端伦常主义的儒家，何以忽然发生一个尊崇个人的孟子？那重君权的儒家，何以忽然生出一个鼓吹民权的孟子？那儒家的极端实际的人生哲学，何以忽然生出孟子和荀子这两派心理的人生哲学？若《大学》《中庸》这两部书是孟子、荀子以前的书，这些疑问便都容易解决了。所以我以为这两部书大概是前四纪的书，但是其中也不能全无后人加入的材料（《中庸》更为驳杂）。

《大学》和《中庸》两部书的要点约有三端，今分别陈说如下。

第一，方法。《大学》《中庸》两部书最重要的在于方法一方面（此两书后来极为宋儒所推尊，也只是为此。程子论《大学》道："于今可见古人为学次第者，独赖此篇之存。"朱子序《中庸》道："历选前圣之书，所以提挈纲维，开示蕴奥，未有若是其明且尽者也。"可证）。《大学》说："大学之道，在明明德，在亲民，在止于至善。……物有本末，事有终始，知所先后，则近道矣。"本末、终始、先后，便是方法问题。《大学》的方法是：

> 古之欲明明德于天下者，先治其国。欲治其国者，先齐其家。欲齐其家者，先修其身。欲修其身者，先正其心。欲正其心者，先诚其意。欲诚其意者，先致其知。致知在格物。
>
> 物格而后知至，知至而后意诚，意诚而后心正，心正而后身修，身修而后家齐，家齐而后国治，国治而后天下平。

《中庸》的方法总纲是：

> 天命之谓性，率性之谓道，修道之谓教。
>
> 诚者，天之道也。诚之者，人之道也（《孟子·离娄》篇也有此语。诚之作思诚）。自诚明，谓之性。自明诚，谓之教。

又说"诚之"之道：

> 博学之，审问之，慎思之，明辨之，笃行之。

"行"的范围，仍只是"君臣也，父子也，夫妇也，昆弟也，朋友之交也"。与《大学》齐家、治国、平天下，略相同。

《大学》《中庸》的长处只在于方法明白，条理清楚。至于那"格物"二字究竟作何解说？"尊德性"与"道问学"究竟谁先谁后？这些问题乃是宋儒发生的问题，在当时都不成问题的。

第二，个人之注重。我从前讲孔门弟子的学说时，曾说孔门有一派把一个"孝"字看得太重了，后来的结果，便把个人埋没在家庭伦理之中。"我"竟不是一个"我"，只是"我的父母的儿子"。例如："战陈无勇"一条，不说我当了兵便不该如此，却说凡是孝子，便不该如此。这种家庭伦理的结果，自然生出两种反动：一种是极端的个人主义，如杨朱的为我主义，不肯"损一毫利天下"；一种是极端的为人主义，如墨家的兼爱主义，要"视人之身若其身，视人之家若其家，视人之国若其国"。有了这两种极端的学说，不由得儒家不变换他们的伦理观念了。所以《大学》的主要方法，如上文所引，把"修身"作一切的根本。格物，致知，正心，诚意，都是修身的工夫。齐家，治国，平天下，都是修身的效果。这个"身"，这个"个人"，便是一切伦理的中心点。如下图：

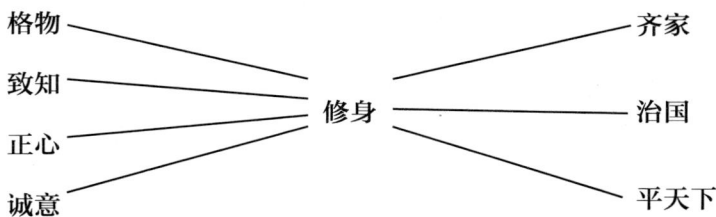

```
格物 ─────────┐                    ┌───────── 齐家
致知 ─────────┤                    │
             ├─── 修身 ─────────── 治国
正心 ─────────┤                    │
诚意 ─────────┘                    └───────── 平天下
```

《孝经》说：

> 自天子至于庶人，孝无终始，而患不及者，未之有也。

《大学》说：

> 自天子至于庶人，壹是皆以修身为本。

这两句"自天子至于庶人"的不同之处，便是《大学》的儒教和《孝经》的儒教大不相同之处了。

又如《中庸》说：

> 故君子不可以不修身。思修身，不可以不事亲。思事亲，
>
> 不可以不知人。思知人，不可以不知天。

曾子说的"大孝尊亲，其次弗辱"，这是"思事亲不可以不修身"。这和《中庸》说的"思修身不可以不事亲"恰相反。一是"孝"的人生哲学，一是"修身"的人生哲学。

《中庸》最重一个"诚"字。诚即是充分发达个人的本性。所以说："诚者，天之道也。诚之者，人之道也。"这一句当与"天命之谓性，率性之谓道，修道之谓教"三句合看。人的天性本来是诚的，若能依着这天性做去，若能充分发达天性的诚，这便是"教"，这便是"诚之"的工夫。因为《中庸》把个人看作本来是含有诚的天性的，所以他极看重个人的地位，所以说"君子素其位而行，不愿乎其外"，所以说"君子无入而不自得焉"，所以说：

> 唯天下至诚为能尽其性；能尽其性，则能尽人之性；能尽
>
> 人之性，则能尽物之性；能尽物之性，则可以赞天地之化育；可
>
> 以赞天地之化育，则可以与天地参矣。

《孝经》说：

> 人之行莫大于孝，孝莫大于严父，严父莫大于配天。

《孝经》的最高目的是要把父"配天"，像周公把后稷配天，把文王配上帝之类。《中庸》的至高目的是要充分发达个人的天性，使自己可以配天，可与"天地参"。

第三，心理的研究。《大学》和《中庸》的第三个要点是关于心理一方面的研究。换句话说，儒家到了《大学》《中庸》时代，已从外务的儒学进入内观的儒学。那些最早的儒家只注重实际的伦理和政治，只注重礼乐仪节，不讲究心理的内观。即如曾子说"吾日三省吾身"，似乎是有点内省的工夫了。及到问他省的什么事，原来只是"为人谋而不忠乎？与朋友交而不信乎？传不习乎？"还只是外面的伦理。那时有一派孔门弟子，却也研究心性的方面。如王充《论衡·本性》篇所说宓子贱、漆

雕开、公孙尼子论性情与周人世硕相出入。如今这几个人的书都不传了。《论衡》说："世硕以为人性有善有恶，……善恶在所养。"据此看来，这些人论性的学说，似乎还只和孔子所说"性相近也，习相远也：惟上智与下愚不移"的话相差不远。若果如此，那一派人论性，还不能算得"心理的内观"。到了《大学》便不同了。《大学》的重要心理学说，在于分别"心"与"意"。孔颖达《大学疏》说："惣包万虑谓之心，为情所忆念谓之意。"这个界说不甚明白，大概心有所在便是意。今人说某人是何"居心"？也说是何"用意"？两句同意。大概《大学》的"意"字只是"居心"。《大学》说：

> 所谓诚其意者，毋自欺也。如恶恶臭，如好好色，此之谓自谦。故君子必慎其独也。小人闲居为不善，无所不至；见君子而后厌然掩其不善而著其善。人之视己，如见其肺肝然，则何益矣？此谓诚于中，形于外。故君子必慎其独也。

如今人说"居心总要对得住自己"，正是此意。这一段所说，最足形容我上文说的"内观的儒学"。

大凡论是非善恶，有两种观念：一种是从"居心"（Attitude；Motive）一方面立论，一种是从"效果"一方面（Effects；Consequences）立论。例如：秦楚交战，宋轻说是不利，孟柯说是不义。义不义是居心，利不利是效果。《大学》既如此注重诚意，自然偏向居心一方面。所以《大学》的政治哲学说：

> 是故君子先慎乎德。……德者，本也。财者，末也。外本内末，争民施夺。

又说：

> 此谓国不以利为利，以义为利也。长国家而务财用者，必自小人矣。

这种极端非功利派的政治论，根本只在要诚意。

《大学》论正心，与《中庸》大略相同。《大学》说：

> 所谓修身在正其心者；身有所忿懥，则不得其正；有所恐
> 惧，则不得其正；有所好乐，则不得其正；有所忧患，则不得其
> 正。心不在焉，视而不见，听而不闻，食而不知其味。此谓修身
> 在正其心。

《中庸》说：

> 喜怒哀乐之未发，谓之中。发而皆中节，谓之和。中也
> 者，天下之大本也。和也者，天下之达道也。

《大学》说的"正"，就是《中庸》说的"中"。但《中庸》的"和"，
却是进一层说了。若如《大学》所说，心要无忿懥、无恐惧、无好乐、无
忧患，岂不成了木石了。所以《中庸》只要喜怒哀乐发得"中节"，便算
是和。喜怒哀乐本是人情，不能没有。只是平常的人往往太过了，或是太
缺乏了，便不是了。所以《中庸》说：

> 道之不明也，我知之矣；知者过之，愚者不及也。道之不
> 行也，我知之矣；贤者过之，不肖者不及也。人莫不饮食也，鲜
> 能知味也。（明行两字，今本皆倒置。今据北宋人引经文改正）

《中庸》的人生哲学只是要人喜怒哀乐皆无过无不及。譬如饮食，只是要
学那"知味"的人适可而止，不当吃坏肚子，也不当打饿肚子。

孟子

孟子同时有几种论性的学说。《告子》篇说：

> 告子曰："性无善无不善也。"或曰："性可以为善，可
> 以为不善。是故文武兴则民好善，幽厉兴则民好暴。"或曰：
> "有性善，有性不善。是故以尧为君而有象，以瞽瞍为父而有
> 舜。"……今日性善，然则彼皆非欤？

孟子总答这三条说道：

> 乃若其情（翟灏《孟子考异》引《四书辨疑》云："下文
> 二才字与此情字上下相应，情乃才字之误。"适按：孟子用情字

与才字同义。《告子》篇"牛山之木"一章中云："人见其濯濯
也，以为未尝有材焉，此岂山之性也哉。"又云："人见其禽兽
也，而以为未尝有才焉，此岂人之情也哉。"可以为证），则可
以为善矣。乃所谓善也。若夫为不善，非才之罪也。恻隐之心，
人皆有之。羞恶之心，人皆有之。恭敬之心，人皆有之。是非之
心，人皆有之。恻隐之心，仁也。羞恶之心，义也。恭敬之心，
礼也。是非之心，智也。仁义礼智非由外铄我也，我固有之也，
弗思耳矣。故曰求则得之，舍则失之。或相倍蓰而无算者，不能
尽其才者也。

这一段可算得孟子说性善的总论。《滕文公》篇说："孟子道性善，言必
称尧舜。"此可见性善论在孟子哲学中可算得中心问题。如今且仔细把他
说性善的理论分条陈说如下：

（1）人的本质同是善的。上文引《孟子》一段中的"才"便是材料
的材。《孟子》叫做"性"的，只是人本来的质料，所以《孟子》书中
"性"字、"才"字、"情"字可以互相通用（参看上节情字下的按语。
汉儒董仲舒《春秋繁露·深察名号》篇曰："如其生之自然之资，谓之
性。性者，质也。"又曰："天地之所生，谓之性情。……情亦性也。"
可供参证）。孟子的大旨只是说这天生的本质，含有善的"可能性"。如
今先看这本质所含是哪几项善的可能性。

（甲）人同具官能。第一项便是天生的官能。孟子以为无论何人的官
能，都有根本相同的可能性。他说：

故凡同类者，举相似也。何独至于人而疑之？圣人与我同
类者。故龙子曰："不知足而为屦，我知其不为蒉也。"屦之相
似，天下之足同也。口之于味，有同耆也。易牙先得我口之所耆
者也。如使口之于味也，其性与人殊，若犬马之与我不同类也，
则天下何耆皆从易牙之于味也？至于味，天下期于易牙，是天下
之口相似也。惟耳亦然，至于声，天下期于师旷，是天下之耳相

似也。惟目亦然。……故曰口之于味也，有同耆焉。耳之于声

也，有同听焉。目之于色也，有同美焉。至于心，独无所同然

乎？心之所同然者，何也？谓理也，义也。圣人先得我心之所同

然耳。故礼义之悦我心，犹刍豢之悦我口。（《告子》）

（乙）人同具"善端"。董仲舒说（引书同上）："性有善端，动

之爱父母。善于禽兽，则谓之善。此孟子之善。"这话说孟子的大旨很切

当。孟子说人性本有种种"善端"，有触即发，不待教育。他说：

人皆有不忍人之心。……今人乍见孺子将入于井，皆有怵

惕恻隐之心：非所以内交于孺子之父母也；非所以要誉于乡党朋

友也；非恶其声而然也。由是观之，无恻隐之心，非人也；无羞

恶之心，非人也；无辞让之心，非人也；无是非之心，非人也。

恻隐之心，仁之端也；羞恶之心，义之端也；辞让之心，礼之端

也；是非之心，智之端也。人之有是四端也，犹其有四体也。

（《公孙丑》。参看上文所引《告子》篇语。那段中，辞让之心

作恭敬之心，余皆同）

（丙）人同具良知良能。孟子的知识论全是"生知"（Knowledge a

priori）一派。所以他说四端都是"我固有之也，非由外铄我也"。四端

之中，恻隐之心、羞恶之心和恭敬之心，都近于感情的方面。至于是非之

心，便近于知识的方面了。孟子自己却不曾有这种分别。他似乎把四端包

在"良知良能"之中，而"良知良能"却不止这四端。他说：

人之所不学而能者，其良能也。所不虑而知者，其良知

也。孩提之童，无不知爱其亲也。及其长也，无不知敬其兄也。

亲亲，仁也。敬长，义也。（《尽心》）

良字有善义。孟子既然把一切不学而能不虑而知的都认为"良"，所以

他说：

大人者，不失其赤子之心者也。（《离娄》）

以上所说三种（官能、善端及一切良知良能），都包含在孟子叫做

"性"的里面。孟子以为这三种都有善的可能性，所以说性是善的。

（2）人的不善，都由于"不能尽其才"。人性既然是善的，一切不善的，自然都不是性的本质。孟子以为人性虽有种种善的可能性，但是人多不能使这些可能性充分发达。正如《中庸》所说："惟天下至诚为能尽其性。"天下人有几个这样"至诚"的圣人？因此便有许多人渐渐的把本来的善性湮没了，渐渐的变成恶人。并非性有善恶，只是因为人不能充分发达本来的善性，以致如此。所以他说：

> 若夫为不善，非其才之罪也。……或相倍蓰而无算者，不能尽其才者也。

推原人所以"不能尽其才"的缘故，约有三种：

（甲）由于外力的影响。孟子说：

> 人性之善也，犹水之就下也。人无有不善，水无有不下。今夫水搏而跃之，可使过颡；激而行之，可使在山。是岂水之性哉？其势则然也。人之可使为不善，其性亦犹是也。（《告子》）

> 富岁子弟多赖，凶岁子弟多暴。非天之降才尔殊也。其所以陷溺其心者然也。今夫麰麦，播种而耰之，其地同，树之时又同，浡然而生，至于日至之时皆熟矣。虽有不同，则地有肥硗，雨露之养，人事之不齐也。（同上）

这种议论，认定外界境遇对于个人的影响，和当时的生物进化论颇相符合。

（乙）由于自暴自弃。外界的势力，还有时可以无害于本性。即举舜的一生为例：

> 舜之居深山之中，与木石居，与鹿豕游，其所以异于深山之野人者，几希。及其闻一善言，见一善行，若决江河，沛然莫之能御也。（《尽心》）

但是人若自己暴弃自己的可能性，不肯向善，那就不可救了。所以他说：

> 自暴者，不可与有言也。自弃者，不可与有为也。言非礼义，谓之自暴也。吾身不能居仁由义，谓之自弃也。（《离娄》）

又说：

> 虽存乎人者，岂无仁义之心哉？其所以放其良心者，亦犹斧斤之于木也。旦旦而伐之，可以为美乎？其日夜之所息，平旦之气，其好恶与人相近也者，几希。则其旦昼之所为，有梏亡之矣。梏之反覆，则其夜气不足以存。夜气不足以存，则其违禽兽不远矣。人见其禽兽也，而以为未尝有才焉者，是岂人之情也哉？（《告子》）

（丙）由于"以小害大以贱害贵"。还有一个"不得尽其才"的原因，是由于"养"得错了。孟子说：

> 体有贵贱，有小大。无以小害大，无以贱害贵。养其小者为小人，养其大者为大人。（《告子》）

哪一体是大的贵的？哪一体是小的贱的呢？孟子说：

> 耳目之官不思，而蔽于物。物交物，则引之而已矣。心之官则思，思则得之，不思则不得也，此天下之所与我者。先立乎其大者，则其小者不能夺也。此为大人而已矣。（《告子》）

其实这种议论，大有流弊。人的心思并不是独立于耳目五官之外的。耳目五官不灵的，还有什么心思可说？中国古来的读书人的大病根正在专用记忆力，却不管别的官能。到后来只变成一班四肢不灵、五官不灵的废物！

以上说孟子论性善完了。

《大学》《中庸》的儒学已把个人位置抬高了，到了孟子更把个人看得十分重要。他信人性是善的，又以为人生都有良知良能和种种"善端"。所以他说：

> 万物皆备于我矣。反身而诚，乐莫大焉！（《尽心》）

更看他论"浩然之气"：

其为气也，至大至刚，以直养而无害，则塞于天地之间。

（《公孙丑》）

又看他论"大丈夫"：

居天下之广居，立天下之正位，行天下之大道；得志与民
由之，不得志独行其道；富贵不能淫，贫贱不能移，威武不能
屈：此之谓大丈夫。（《滕文公》）

因为他把个人的人格，看得如此之重，因为他以为人性都是善的，所
以他有一种平等主义。他说：

圣人与我同类者。（《告子》）

何以异于人哉？尧舜与人同耳。（《离娄》）

彼丈夫也，我丈夫也。吾何畏彼哉？（《滕文公》）

舜何人也，予何人也。有为者亦若是。（同上）

但他的平等主义，只是说人格平等，并不是说人的才智德行都平等。孟子
很明白经济学上"分功"的道理。即如《滕文公》篇许行一章，说社会中
"有大人之事，有小人之事"，"或劳心，或劳力"，说得何等明白！

又如：孟子的政治学说很带有民权的意味。他说：

民为贵，社稷次之，君为轻。

君之视民如土芥，则臣视君如寇仇。

这种重民轻君的议论，也是从他的性善论上生出来的。

孟子的性善论，不但影响到他的人生观，并且大有影响于他的教育哲
学。他的教育学说有三大要点，都于后世的教育学说大有关系。

（甲）自动的。孟子深信人性本善，所以不主张被动的和逼迫的教
育，只主张各人自动的教育。他说：

君子深造之以道，欲其自得之也。自得之，则居之安。居
之安，则资之深。资之深，则取之左右逢其原。故君子欲其自得
之也。（《离娄》）

《公孙丑》篇论养气的一段，可以与此印证：

> 必有事焉而勿正。心勿忘，勿助长也。无若宋人然，宋人
> 有悯其苗之不长而揠之者，芒芒然归，谓其人曰："今日病矣！
> 予助苗长矣！"其子趋而往视之，苗则槁矣。天下之不助苗长
> 者，寡矣。以为无益而舍之者，不耘苗者也。助之长者，揠苗
> 也。非徒无益，而又害之。

孟子说"君子之所以教者五"，那第一种是"有如时雨化之者"。不耘苗
也不好，揠苗也不好，最好是及时的雨露。

（乙）养性的。人性既本来是善的，教育的宗旨只是要使这本来的善
性充分发达。孟子说：

> 人之所以异于禽兽者几希，庶民去之，君子存之。（《离
> 娄》）

教育只是要保存这"人之所以异于禽兽"的人性。《孟子》书中说此点最
多，不用细举了。

（丙）标准的。教育虽是自动的，却不可没有标准。孟子说：

> 羿之教人射必至于彀，学者亦必至于彀。大匠诲人必以规
> 矩，学者亦必以规矩。（《告子》）

又说：

> 大匠不为拙工改废绳墨，羿不为拙射废其彀率。君子引而
> 不发，跃如也，中道而立，能者从之。（《尽心》）

这标准的教育法，依孟子说来，是教育的捷径。他说：

> 圣人既竭目力焉，继之以规矩准绳，以为方圆平直，不可
> 胜用也。既竭耳力焉，继之以六律正五音，不可胜用也。（《离
> 娄》）

前人出了多少力，才造出这种种标准。我们用了这些标准，便可不劳而得
前人的益处了。这是标准的教育法的原理。

孟子的政治哲学很带有尊重民权的意味，上文已略说过了。孟子的
政治哲学与孔子的政治哲学有一个根本不同之处。孔子讲政治的中心学

说是"政者，正也"，他的目的只要"正名""正己""正人"，以至于"君君、臣臣、父父、子子"的理想的郅治。孟子生在孔子之后一百多年，受了杨墨两家的影响（凡攻击某派最力的人，便是受那派影响最大的人。孟子攻杨墨最力，其实他受杨墨影响最大。荀子攻击辩者，其实他得辩者的影响很大。宋儒攻击佛家，其实若没有佛家，又哪有宋儒），故不但尊重个人，尊重百姓过于君主（这是老子、杨朱一派的影响。有这种无形的影响，故孟子的性善论遂趋于极端，遂成"万物皆备于我"的个人主义）；还要使百姓享受乐利（这是墨家的影响，孟子自不觉得）。孟子论政治，不用孔子的"正"字，却用墨子的"利"字。但他又不肯公然用"利"字，故用"仁政"两字。他对当时的君主说道："你好色也不妨，好货也不妨，好田猎也不妨，好游玩也不妨，好音乐也不妨。但是你好色时，须念国中有怨女旷夫；你好货时，须念国中穷人的饥寒；你出去打猎、作乐游玩时，须念国中的百姓有父子不相见、兄弟妻子离散的痛苦。总而言之，你须要能善推其所为，你须要行仁政。"这是孟子政治学说的中心点。这可不是孔子"正"字的政治哲学了。若用西方政治学的名词，我们可说孔子的是"爸爸政策"（Paternalism或译父性政策）；孟子的是"妈妈政策"（Maternalism或译母性政策）。爸爸政策要人正经规矩，要人有道德；妈妈政策要人快活安乐，要人享受幸福。故孟子所说如："五亩之宅，树之以桑，五十者可以衣帛矣。鸡豚狗彘之畜无失其时，七十者可以食肉矣。"这一类"衣帛食肉"的政治，简直是妈妈的政治。这是孔子孟子不同之处（孔子有时也说富民，孟子有时也说格君心。但这都不是他们最注意的）。后人不知道这个区别代表一百多年儒家政治学说的进化，所以爸爸妈妈的分不清楚：一面说仁民爱物，一面又只知道正心诚意。这就是没有历史观念的大害了。

孟子的政治学说含有乐利主义的意味，这是万无可讳的。但他同时又极力把义利两字分得很严。他初见梁惠王，一开口便驳倒他的"利"字；他见宋轻，也劝他莫用"利"字来劝秦楚两国停战。细看这两章，可见孟子所攻击的"利"字只是自私自利的利。大概当时的君主官吏都是营私谋利的居多。这种为利主义，与利民主义绝相反对。故孟子说：

> 今之事君者曰："我能为君辟土地，充府库。"今之所谓良臣，古之所谓民贼也！（《告子》）

> 庖有肥肉，厩有肥马，民有饥色，野有饿莩：此率兽而食人也！（《梁惠王》）

孟子所攻击的"利"，只是这种利。他所主张的"仁义"，只是最大多数的最大乐利。他所怕的是言利的结果必至于"上下交征利"；必至于"君臣父子兄弟终去仁义，怀利以相接"。到了"上下交征利"，"怀利以相接"的地步，便要做出"率兽而食人"的政策了。所以孟子反对"利"的理由，还只是因为这种"利"究竟不是真利。

荀子的哲学智慧

荀子略传

荀子名况，字卿，赵人。曾游学于齐国，后来又游秦（《强国》篇应侯问入秦何见。按应侯作相当赵孝成王初年），又游赵（《议兵》篇孙卿议兵于赵孝成王前〔赵孝成王当西历前265至前245年〕），末后到楚。那时春申君当国，使荀卿做兰陵令（此事据《史记·年表》在楚考烈王八年〔前255〕）。春申君死后（前238），荀卿遂在兰陵住家，后来遂死在兰陵。

荀卿生死的年代，最难确定。请看王先谦《荀子集解》所录诸家的争论，便可见了。最可笑的是刘向的《孙卿书序》。刘向说荀卿曾与孙膑议兵。孙膑破魏在前341年。到春申君死时，荀卿至少是一百三四十岁了。又刘向与诸家都说荀卿当齐襄王时最为老师。襄王即位在前283年，距春申君死时，还有四十五年。荀卿死在春申君之后，大约在前230年左右。即使他活了八十岁，也不能在齐襄王时便"最为老师"了。我看这种种错误纷争，都由于《史记》的《孟子荀卿列传》。如今且把这一段《史记》抄在下面：

> 荀卿，赵人。年五十，始来游学于齐。驺衍（之术，迂大而闳辩。奭也文具难施。淳于髡久与处，时有得善言。故齐人颂曰：

"谈天衍，雕龙奭，炙毂过髡。"）、田骈之属皆已死齐襄王时，

而荀卿最为老师。齐尚修列大夫之缺，而荀卿三为祭酒焉。

这段文字有两个易于误人之处。（一）荀卿"来游学于齐"以下，忽然夹入驺衍、驺奭、淳于髡三个人的事实，以致刘向误会了，以为荀卿五十岁游齐，正在稷下诸先生正盛之时（刘向序上称"方齐宣王、威王之时"，下称"是时荀卿年五十始来游学"）。不知这一段不相干的事实，乃是上文论"齐有三驺子"一节的错简。本文当作"驺衍、田骈之属……"，那些荒谬的古文家，不知这一篇《孟子荀卿列传》最多后人添插的材料（如末段记墨翟的二十四字文理不通，或是后人加入的），却极力夸许这篇文字，文气变化不测，突兀神奇，还把他选来当古文读，说这是太史公的笔法，岂不可笑！（二）本文的"齐襄王时"四个字，当连上文，读"驺衍、田骈之属，皆已死齐襄王时"。那些荒谬的人，不通文法，把这四字连下文，读成"齐襄王时，而荀卿最为老师"。不知这四字在文法上是一个"状时的读"；状时的读，与所状的本句，决不可用"而"字隔开，隔开便不通了。古人也知这一段可疑，于是把"年五十"改为"年十五"（谢墉校，依《风俗通》改如此）。不知本文说的"年五十始来游学"，这个"始"字含有来迟了的意思。若是"年十五"，决不必用"始"字了。

所以依我看来，荀卿游齐，大概在齐襄王之后，所以说他"年五十始来游学于齐，驺衍、田骈之属皆已死齐襄王时，而荀卿最为老师"。这文理很明显，并且与荀卿一生事迹都相合。如今且作一年表如下：

西历	（前 265 至前 260 年）	荀卿年五十游齐
同	（前 260 至前 255 年）	入秦，见秦昭王及应侯
同	（前 260 至前 250 年）	游赵，见孝成王
同	（前 250 至前 238 年）	游楚，为兰陵令
同	（前 230 年左右）	死于兰陵

至于《盐铁论》所说，荀卿至李斯作丞相时才死，那更不值得驳了（李斯做丞相在前213年。当齐襄王死后五十二年了）。

我这一段考据，似乎太繁了。我的本意只因为古人对于这个问题，不大讲究，所以不嫌说得详细些，要望学者读古书总须存个怀疑的念头，不要作古人的奴隶。

天与性

一、论天。荀子批评庄子的哲学道："庄子蔽于天而不知人。……由天谓之，道尽因矣。"这两句话不但是庄子哲学的正确评判，并且是荀子自己的哲学的紧要关键。庄子把天道看得太重了，所以生出种种安命主义和守旧主义。荀子对于这种学说，遂发生一种激烈的反响。他说：

> 惟圣人为不求知天。（《天论》）

又说：

> 故君子敬其在己者，而不慕其在天者。小人错其在己者，
> 而慕其在天者。君子敬其在己者，而不慕其在天者，是以日进
> 也。小人错其在己者，而慕其在天者，是以日退也。（同）

这是儒家本来的人事主义。和孔子的"未能事人，焉能事鬼"同一精神。即如"道"字，老子、庄子都解作那无往不在、无时不存的天道，荀子却说：

> 道者，非天之道，非地之道，人之所以道也，君子之所道
> 也。（《儒效》。此依宋本）

又说：

> 道者何也？曰：君道也。君者何也？曰：能群也。（《君
> 道》）

所以荀子的哲学全无庄子一派的精神气味。他说：

> 天行有常：不为尧存，不为桀亡。应之以治则吉，应之以
> 乱则凶。强本而节用，则天不能贫；养备而动时，则天不能病；

循道而不贰（从王念孙校），则天不能祸。故水旱不能使之饥，
寒暑不能使之疾，祅怪不能使之凶。……故明于天人之分，则可
谓至人矣。不为而成，不求而得，夫是之为天职。如是者虽深，
其人不加虑焉；虽大，不加能焉；虽精，不加察焉。夫是之谓不
与天争职。天有其时，地有其财，人有其治。夫是之谓能参。舍
其所以参，而愿其所参，则惑矣。（《天论》）

荀子在儒家中最为特出，正因为他能用老子一般人的"无意志的天"，来
改正儒家、墨家的"赏善罚恶"有意志的天；同时却又能免去老子、庄子
天道观念的安命守旧种种恶果。

荀子的"天论"，不但要人不与天争职，不但要人能与天地参，还要
人征服天行以为人用。他说：

大天而思之，孰与物畜而制裁之？（王念孙云，依韵，制
之当作裁之。适案，依杨注，疑当作"制裁之"，涉下误脱耳）
从天而颂之，孰与制天命而用之？望时而待之，孰与应时而使
之？因物而多之，孰与骋能而化之？思物而物之，孰与理物而勿
失之也？愿于物之所以生，孰与有物之所以成？故错人而思天，
则失万物之情。（同）

这竟是倍根（今译培根）的"戡天主义"（Conquest of Nature）了。

二、论物类变化。荀卿的"戡天主义"，却和近世科学家的"戡天主
义"大不相同。荀卿只要裁制已成之物以为人用，却不耐烦做科学家"思
物而物之"的工夫（下物字是动词，与《公孙龙子·名实论》"物以物其
所物而不过焉"的下两物字同义。皆有"比类"的意思。物字可作"比
类"解，说见王引之《经义述闻》卷三十一，物字条）。荀卿对于当时的
科学家，很不满意。所以他说：

凡事行，有益于理者，立之；无益于理者，废之。夫是之
谓中事。凡知说，有益于理者，为之；无益于理者，舍之。夫是
之谓中说。……若夫充虚之相施易也，坚白同异之分隔也，是聪

> 耳之所不能听也，明目之所不能见也，辩士之所不能言也。虽有
> 圣人之知未能偻指也。不知无害为君子，知之无损为小人。工匠
> 不知，无害为巧；君子不知，无害为治。王公好之则乱法，百姓
> 好之则乱事。（《儒效》）

充虚之相施易（施同移），坚白同异之相分隔，正是当时科学家的话。荀子对于这一派人屡加攻击。这都由于他的极端短见的功用主义，所以有这种反对科学的态度。

他对于当时的生物进化的理论，也不赞成。我们曾说过，当时的生物进化论的大旨是"万物皆种也，以不同形相禅"。荀子所说，恰与此说相反。他说：

> 古今一度也。类不悖，虽久同理（《非相》）。《韩诗外
> 传》无度字，王校从之）。

杨倞注此段最妙，他说：

> 类，种类，谓若牛马也。……言种类不乖悖，虽久而理
> 同。今之牛马与古不殊，何至人而独异哉？

这几句话便把古代万物同由种子以不同形递相进化的妙论，轻轻的推翻了。《正名》篇说：

> 物有同状而异所者，有异状而同所者，可别也。状同而为
> 异所者，虽可合，谓之二实。状变而实无别，而为异者，谓之化
> （为是行为之为）。有化而无别，谓之一实。

荀子所注意的变化，只是个体的变迁，如蚕化为茧，再化为蛾，这种"状变而实无别而为异"的现象，叫做"化"。化来化去，只是一物，故说"有化而无别，谓之一实"。既然只是一物，可见一切变化只限于本身，决无万物"以不同形相禅"的道理。

如此看来，荀子是不主张进化论的。他说：

> 欲观千岁，则数今日。欲知亿万，则审一二。欲知上世，
> 则审周道。（《非相》）

这就是上文所说"古今一度也"之理。他又说:

> 夫妄人曰:"古今异情,其所以治乱者异道。"（今本作
> "以其治乱者异道"。王校云,《韩诗外传》正作"其所以治乱
> 异道"。今从王校改）而众人惑焉。彼众人者,愚而无说,陋而
> 无度者也。其所见焉,犹可欺也。而况于千世之传也?妄人者,
> 门庭之间,犹可诬欺也,而况于千世之上乎?（同）

这竟是痛骂那些主张历史进化论的人了。

三、法后王。荀卿虽不认历史进化古今治乱异道之说,他却反对儒家"法先王"之说。他说:

> 圣王有百,吾孰法焉?曰（曰字上旧有故字,今依王校
> 删）:文久而息,节族久而绝,守法教之有司,极礼而褫。故
> 曰:欲观圣王之迹,则于其粲然者矣,后王是也。……舍后王而
> 道上古,譬之是犹舍己之君而事人之君也。（同）

但是他要"法后王",并不是因为后王胜过先王,不过是因为上古的制度文物都不可考,不如后王的制度文物"粲然"可考。所以说:

> 五帝之外无传人,非无贤人也,久故也。五帝之中无传
> 政,非无善政也,久故也。禹汤有传政,而不若周之察也,久故
> 也（察也下旧有"非无善政也"五字,此盖涉上文而衍,今删
> 去）。传者久,则论略,近则论详。略则举大,详则举小。愚者
> 闻其略而不知详,闻其细（旧作详,今依外传改）而不知其大
> 也,故文久而灭,节族久而绝。（同）

四、论性。荀子论天,极力推开天道,注重人治。荀子论性,也极力压倒天性,注重人为。他的天论是对庄子发的,他的性论是对孟子发的。孟子说人性是善的,荀子说:

> 人之性恶,其善者伪也。（《性恶》）

这是荀子性恶论的大旨。如今且先看什么叫做"性",什么叫做"伪"。荀子说:

　　不可学，不可事，而在人者，谓之性。可学而能，可事而
　　成之在人者，谓之伪。（同）

又说：

　　生之所以然者，谓之性。性之和所生，精合感应，不事
　　而自然，谓之性。性之好恶喜怒哀乐，谓之情。情然而心为之
　　择，谓之虑。心虑而能为之动，谓之伪（"所以能之在人者谓之
　　能"）。虑积焉，能习焉，而后成，谓之伪。（《正名》）

依这几条界说看来，性只是天生成的，伪只是人力做的（"伪"字本训
"人为"）。后来的儒者读了"人之性恶，其善者伪也"，把"伪"字看
做真伪的伪，便大骂荀卿，不肯再往下读了。所以荀卿受了许多冤枉。中
国自古以来的哲学家都崇拜"天然"过于"人为"。老子、孔子、墨子、
庄子、孟子，都是如此。大家都以为凡是"天然的"都比"人为的"好。
后来渐渐的把一切"天然的"都看作"真的"，一切"人为的"都看作
"假的"。所以后来"真"字竟可代"天"字（例如《庄子·大宗师》：
"而已反其真，而我犹为人猗。"以真对人，犹以天对人也。又此篇屡用
"真人"，皆作"天然的人"解。如曰"不以心捐道，不以人助天，是之
谓真人"，又"而况其真乎？"郭注曰："夫真者，不假于物，而自然者
也。"此更明显矣）。而"伪"字竟变成"讹"字（《广雅·释诂》二，
"伪，为也"。《诗·兔爰》"尚无造"笺云，"造，伪也"。此伪字本
义）。独有荀子极力反对这种崇拜天然的学说，以为"人为的"比"天然
的"更好。所以他的性论，说性是恶的，一切善都是人为的结果。这样推
崇"人为"过于"天然"，乃是荀子哲学的一大特色。

　　如今且看荀子的性恶论有何根据？他说：

　　今人之性，生而有好利焉。顺是，故争夺生而辞让亡焉。
　　生而有疾恶焉。顺是，故残贼生而忠信亡焉。生而有耳目之欲，
　　有好声色焉。顺是，故淫乱生而礼义文理亡焉。然则从人之性，
　　顺人之情，必出于争夺，合于犯分乱理，而归于暴。是故必将有

> 师法之化，礼义之道，然后出于辞让，合于文理，而归于治。用
> 此观之，然则人之性恶明矣，其善者伪也。（《性恶》）

这是说人的天性有种种情欲，若顺着情欲做去，定做出恶事来。可见得人性本恶。因为人性本恶，故必须有礼义法度，"以矫饰人之情性而正之，以扰化人之情性而导之"，方才可以为善。可见人的善行，全靠人为。故又说：

> 故枸木必将待櫽栝烝矫然后直；钝金必将待砻厉然后利；今人之性恶，必将待师法然后正，得礼义然后治。……故性善则去圣王息礼义矣，性恶则兴圣王贵礼义矣。故櫽栝之生，为枸木也；绳墨之起，为不直也；立君上，明礼义，为性恶也。（同）

这是说人所以必须君上礼义，正是性恶之证。

孟子把"性"字来包含一切"善端"，如恻隐之心之类，故说性是善的。荀子把"性"来包含一切"恶端"，如好利之心、耳目之欲之类，故说性是恶的。这都由于根本观点不同之故。孟子又以为人性含有"良知良能"，故说性善。荀子又不认此说。他说人人虽有一种"可以知之质，可以能之具"（此即吾所谓"可能性"），但是"可以知"未必就知，"可以能"未必就能。故说：

> 夫工匠农贾未尝不可以相为事也，然而未尝能相为事也。用此观之，然则"可以为"未必为"能"也。虽不"能"，无害"可以为"，然则"能不能"之与"可不可"，其不同远矣。（同）

例如："目可以见，耳可以听"。但是"可以见"未必就能见得"明"，"可以听"未必就能听得"聪"。这都是驳孟子"良知良能"之说。依此说来，荀子虽说性恶，其实是说性可善可恶。

五、教育学说。孟子说性善，故他的教育学说偏重"自得"一方面。荀子说性恶，故他的教育学说趋向"积善"一方面。他说：

> 性也者，吾所不能为也，然而可化也。情也者，非吾所有

也，然而可为也。注错习俗，所以化性也；并一而不二，所以成积也。习俗移志，安久移质。……涂之人百姓积善而全尽，谓之圣人。彼求之而后得，为之而后成，积之而后高，尽之而后圣。故圣人也者，人之所积也。人积耰耕而为农夫，积斫削而为工匠，积反货而为商贾，积礼义而为君子。工匠之子莫不继事，而都国之民安习其服。居楚而楚，居越而越，居夏而夏，是非天性也，积靡使然也。（《儒效》）

荀子书中说这"积"字最多。因为人性只有一些"可以知之质，可以能之具"，正如一张白纸，本来没有什么东西，所以须要一点一滴的"积"起来，才可以有学问，才可以有道德。所以荀子的教育学说只是要人积善。他说"学不可以已"（《劝学》），又说"骐骥一跃，不能十步；驽马十驾，功在不舍。锲而舍之，朽木不折；锲而不舍，金石可镂"。（同）

荀子的教育学说以为学问须要变化气质，增益身心。不能如此，不足为学。他说：

君子之学也，入乎耳，箸乎心，布乎四体，形乎动静；端而言，蠕而动，一可以为法则。小人之学也，入乎耳，出乎口：口耳之间，则四寸耳，曷足以美七尺之躯哉？（同）

又说：

不闻不若闻之，闻之不若见之，见之不若知之，知之不若行之。学至于行之而已矣。行之，明也。明之为圣人。圣人也者，本仁义，当是非，齐言行，不失毫厘。无它道焉，已乎行之矣。（《儒效》）

这是荀子的知行合一说。

六、礼乐。荀子的礼论乐论只是他的广义的教育学说。荀子以为人性恶，故不能不用礼义音乐来涵养节制人的情欲。看他的《礼论》篇道：

礼起于何也？曰：人生而有欲，欲而不得则不能无求，求而无度量分界，则不能不争。争则乱，乱则穷。先王恶其乱也，

> 故制礼义以分之，以养人之欲而给人之求。使欲必不穷乎物，物
> 必不屈（杨注，屈，竭也）于欲，两者相持而长：是礼之所起
> 也。故礼者，养也。……君子既得其养，又好其别。曷谓别？曰
> 贵贱有等，长幼有差，贫富轻重皆有称者也。

这和《富国》篇说政治社会的原起，大略相同：

> 人伦并处，同求而异道，同欲而异知，性也。皆有所可
> 也，知愚同。所可异也，知愚分。势同而知异，行私而无祸，纵
> 欲而不穷，则民奋而不可说也。如是，则知者未得治也，……群
> 众未悬也。群众未悬，则君臣未立也。无君以制臣，无上以制
> 下，天下害生纵欲。欲恶同物，欲多而物寡。寡则必争矣。百技
> 所成，所以养一人也（言人人须百技所成。杨注以一人为君上，
> 大误）。而能不能兼技，人不能兼官。离居不相待，则穷。群而
> 无分，则争。……男女之合，夫妇之分，婚姻聘内，送逆无礼；
> 如是，则人有失合之忧，而有争色之祸矣。故知者为之分也。

礼只是一个"分"字，所以要"分"，只是由于人生有欲，无分必争。
《乐论》篇说：

> 夫乐者，乐也，人情之所不能免也。故人不能无乐。乐则
> 必发于声音，形于动静：人之道也（此四字旧作"而人之道"，
> 今依《礼记》改）。故人不能无乐，乐则不能无形。形而不为，
> 道则不能无乱。先王恶其乱也，故制雅颂之声以道之，使其声足
> 以乐而不流；使其文足以纶而不息；使其曲直繁省，廉肉节奏，
> 足以感动人之善心；使夫邪污之气无由得接焉。故乐者，所以道
> 乐也。金石丝竹，所以道德也。……故乐者，治人之盛者也（此
> 节诸道字，除第一道字外，皆通导）。

荀子的意思只为人是生来就有情欲的，故要作为礼制，使情欲有一定的
范围，不致有争夺之患；人又是生来爱快乐的，故要作为正当的音乐，
使人有正当的娱乐，不致流于淫乱。这是儒家所同有的议论。但是荀

子是主张性恶的。性恶论的自然结果，当主张用严刑重罚来裁制人的天性。荀子虽自己主张礼义师法，他的弟子韩非、李斯就老老实实的主张用刑法治国了。

论心

荀子说性恶，单指情欲一方面。但人的情欲之外，还有一个心。心的作用极为重要。荀子说：

> 性之好恶喜怒哀乐谓之情。情然而心为之择，谓之虑。心虑而能为之动，谓之伪。（《正名》）

例如：人见可欲之物，觉得此物可以欲，是"情然"；估量此物该不该要，是"心为之择"；估量定了，才去取此物，是"能为之动"。情欲与动作之间，全靠这个"心"作一把天平秤。所以说：

> 心也者，道之工宰也。（《正名》）

> 心者，形之君也，而神明之主也。出令而无所受令。（《解蔽》）

心与情欲的关系，如下：

> 凡语治而待去欲者，无以道欲而困于有欲者也。凡语治而待寡欲者，无以节欲而困于多欲者也。……欲不待可得，而求者从所可。欲不待可得，所受乎天也。求者从所可，受乎心也。〔天性有欲，心为之制节。〕（此九字，今本阙。今据久保爱所据宋本及韩本增）……故欲过之而动不及，心止之也。心之所可中理，则欲虽多，奚伤于治？欲不及而动过之，心使之也。心之所可失理，则欲虽寡，奚止于乱？故治乱在于心之所可，亡于情之所欲。……以欲为可得而求之，情之所必不免也。以为可而道之，知所必出也。故虽为守门，欲不可去，性之具也。虽为天子，欲不可尽（此下疑脱四字）。欲虽不可尽，求可尽也；欲虽不可去，求可节也。……道者进则近尽，退则节求，天下莫之若

也。凡人莫不从其所可而去其所不可。知道之莫之若也，而不从道者，无之有也。……故可道而从之，奚以损之而乱？不可道而离之，奚以益之而治？（《正名》）

这一节说人不必去欲，但求导欲；不必寡欲，但求有节；最要紧的是先须有一个"所可中理"的心做主宰。"心之所可中理，则欲虽多，奚伤于治。"这种议论，极合近世教育心理，真是荀子的特色。大概这里也有"别墨"的乐利主义的影响。

荀子以为"凡人莫不从其所可而去其所不可"。可是心以为可得。但是要使"心之所可中理"不是容易做到的。正如《中庸》上说的"中庸之道"，说来很易，做到却极不易。所以荀子往往把心来比一种权度。他说：

凡人之取也，所欲未尝粹而来也；其去也，所恶未尝粹而往也。故人无动而不与权俱。……权不正，则祸托于欲而人以为福；福托于恶，而人以为祸：此亦人所以惑于祸福也。道者，古今之正权也。离道而内自择，则不知祸福之所托。（《正名》）

（《解蔽》篇所说与此同）

故《解蔽》篇说：

故心不可不知道。心不知道，则不可道而可非道。……心知道然后可道，可道然后能守道以禁非道。

这里的"可"字，与上文所引《正名》篇一长段的"可"字，同是许可之可。要有正确合理的知识，方才可以有正确合理的可与不可。可与不可没有错误，一切好恶去取便也没有过失。这是荀子的人生哲学的根本观念。

古代的人生哲学，独有荀子最注重心理的研究，所以他说心理的状态和作用也最详细。他说：

人何以知道？曰，心。心何以知？曰，虚一而静。心未尝不藏也，然而有所谓虚。心未尝不两也，然而有所谓一。心未尝不动也，然而有所谓静（两字旧作满。杨注当作两，是也）。

人生而有知，知而有志。志也者，藏也（志即是记忆）。然而有所谓虚，不以所已藏害所将受，谓之虚。

心生而有知，知而有异。异也者，同时兼知之。同时兼知之，两也，然而有所谓一。不以夫一害此一，谓之一。

心卧则梦，偷则自行，使之则谋（《说文》：虑难曰谋）。故心未尝不动也。然而有所谓静，不以梦剧乱知，谓之静。

未得道而求道者，谓之虚一而静，作之则（此处"谓之""作之"都是命令的动词。如今言"教他要虚一而静，还替他立下法式准则"。王引之把"作之"二字作一句，把则字属下文，说"心有动作，则……"这正犯了《经义述闻》所说"增字解经"的毛病。章太炎《明见》篇解此章说："作之，彼意识也。"更讲不通）。将须道者，〔虚〕之。虚则入（旧作人）。将事道者，〔一〕之。一则尽。将思道者，〔静之〕。静则察（此文旧不可通。王引之校改为"则将须道者之虚，〔虚〕则入。将事道者之一，〔一〕则尽。将思道者[之静]静则察"也不成文法。今改校如上，似乎较妥）。……虚一而静，谓之大清明。万物莫形而不见，莫见而不论，莫论而失位。……夫恶有蔽矣哉？（《解蔽》）

这一节本很明白，不须详细解说。章太炎《明见》篇（《国故论衡·下》）用印度哲学来讲这一段，把"藏"解作"阿罗耶识"，把"异"解作"异熟"，把"谋"与"自行"解作"散位独头意识"，便比原文更难懂了。心能收受一切感觉，故说是"藏"。但是心藏感觉和罐里藏钱不同，罐藏满了，便不能再藏了。心却不然，藏了这个，还可藏那个。这叫做"不以所已藏害所将受"，这便是"虚"。心又能区别比类。如《正名》篇所说："形体色理以目异，声音清浊……以耳异，甘苦咸淡……以口异。……"五官感觉的种类极为复杂纷繁，所以说："同时兼知之，两也。"感觉虽然复杂，心却能"缘耳知声，缘目知形"，比类区别，不致混乱。这是"不以夫一害此一"。这便叫做"一"。心能有种种活动，如梦与思虑之类。但是梦时尽梦，思虑时尽思虑，专心接物时，还依旧能有知识。这是"不以梦剧乱知"，这便是"静"。心有这三种特性，始能知道。所以那些"未得道而求道"的人，也须做到这三种工夫：第一要虚心，第二要专一，第三要静心。

名学

荀卿的名学，完全是演绎法。他承着儒家"春秋派"的正名主义，受了时势的影响，知道单靠着史官的一字褒贬，决不能做到"正名"的目的。所以他的名学，介于儒家与法家之间，是儒法过渡时代的学说。他的名学的大旨是：

> 凡议，必将立隆正，然后可也。无隆正则是非不分，而辨讼不决。故所闻曰："天下之大隆（下旧有也字。今据久保爱所见宋本删），是非之封界，分职名象之所起，王制是也。"故凡言议期命以圣王为师。（《正论》）

> 传曰："天下有二：非察是，是察非"，谓合王制与不合王制也。天下有不以是为隆正也，然而犹有能分是非治曲直者耶？（《解蔽》）

他的大旨只是要先立一个"隆正"，做一个标准的大前提。凡是合这隆正的都是"是的"，不合的都是"非的"。所以我说他是演绎法的名学。

荀子讲"正名"只是要把社会上已经通行的名，用国家法令制定；制定之后，不得更改。他说：

> 故王者之制名，名定而实辨，道行而志通，则慎率民而一焉。故析辞擅作名，以乱正名，使民疑惑，人多辨讼，则谓之大奸，其罪犹为符节度量之罪也。故其民莫敢为奇辞以乱正名。故

其民悫，悫则易使，易使则功（功旧作公，今依顾千里校改）。
其民莫敢为奇辞以乱正名，故一于道法而谨于循令矣。如是，
则其迹长矣。迹长功成，治之极也。是谨于守名约之功也。
（《正名》）

但是

今圣王没，名守慢，奇辞起，名实乱，是非之形不明，则
虽守法之吏，诵数之儒，亦皆乱。若有王者起，必将有循于旧
名，有作于新名。（同）

"循旧名"的法如下：

后王之成名：刑名从商，爵名从周，文名从礼。散名之加
于万物者，则从诸夏之成俗。曲期远方异俗之乡，则因之而为
通。（同）

荀子论"正名"，分三步，如下：

（一）所为有名。

（二）所缘有同异。

（三）制名之枢要。

今分说如下：

（一）为什么要有"名"呢？荀子说：

异形离心交喻，异物名实互纽（此十二字，杨注读四字一
句。王校仍之。今从郝懿行说读六字为句。互旧作玄，今从王校
改）。贵贱不明，同异不别。如是，则志必有不喻之患，而事必
有困废之祸。

这是说无名的害处。例如：我见两物，一黑一白，若没有黑白之名，则别
人尽可以叫黑的做白的，叫白的做黑的。这是"异形离心交喻，异物名实
互纽"。又如《尔雅》说："犬未成毫曰狗。"《说文》说："犬，狗之
有悬蹄者也。"依《尔雅》说，狗是犬的一种，犬可包狗。依《说文》
说，犬是狗的一种，狗可包犬。如下图：

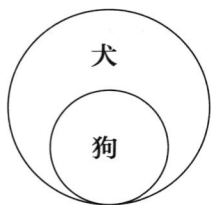

依《尔雅》说"狗，犬也。"　　依《说文》说"犬，狗也。"

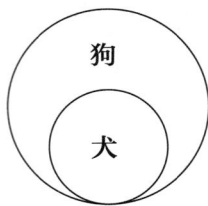

这也是"异物名实互纽"之例。荀子接着说：

> 故知者为之分别，制名以指实。上以明贵贱，下以辨同
> 异。贵贱明，同异别，如是，则志无不喻之患，事无困废之祸。
> 此所为有名也。

此处当注意的是荀子说的"制名以指实"有两层用处：第一是"明贵贱"，第二是"别同异"。墨家论"名"只有别同异一种用处。儒家却于"别同异"之外添出"明贵贱"一种用处。"明贵贱"即是"寓褒贬，别善恶"之意。荀子受了当时科学家的影响，不能不说名有别同异之用。但他依然把"明贵贱"看得比"别同异"更为重要。所以说"上"以明贵贱，"下"以别同异。

（二）怎样会有同异呢？荀子说这都由于"天官"。天官即是耳、目、鼻、口、心、体之类。他说：

> 凡同类同情者，其天官之意物也同。故比方之，疑似而
> 通，是所以共其约名以相期也。

这是说"同"。因为同种类同情感的人对于外物所起意象大概相同，所以能造名字以为达意的符号。但是天官不但知同，还能别异。上文说过"异也者，同时兼知之"。天官所感觉，有种种不同。故说：

> 形体色理以目异；声音清浊调竽奇声以耳异；甘苦咸淡辛
> 酸奇味以口异；香臭芬郁腥臊洒酸奇臭以鼻异；疾养沧热滑铍轻
> 重以形体异；说故喜怒哀乐爱恶欲以心异。心有征知（有读又。
> 此承上文而言，言心于上所举九事外，又能征知也），征知则缘

耳而知声可也。缘目而知形可也。然而征知必将待天官之当簿其
类，然后可也。五官簿之而不知，心征之而无说，则人莫不谓之
不知。此所缘而以同异也。

这一段不很好懂。第一长句说天官的感觉有种种不同，固可懂得。此下紧
接一句"心有征知"，杨注云："征，召也。言心能召万物而知之。"
这话不曾说的明白。章太炎《原名》篇说："接于五官曰受，受者谓之
当簿。传于心曰想，想者谓之征知。"又说："领纳之谓受，受非爱憎
不箸；取像之谓想，想非呼召不征。"是章氏也把征字作"呼召"解，但
他的"呼召"是"想象"之意，比杨倞进一层说。征字本义有证明之意
（《中庸》"杞不足征也"注，"征，犹明也。"《荀子·性恶》篇：
"善言天者必有征于人。"《汉书·董仲舒传》有此语，师古曰，征，证
也）。这是说五官形体所受的感觉，种类纷繁，没有头绪。幸有一个心除
了"说故喜怒哀乐爱恶欲"之外，还有证明知识的作用。证明知识就是使
知识有根据。例如：目见一色，心能证明他是白雪的白色；耳听一声，心
能证明他是门外庙里的钟声。这就是"征知"。因为心能征知，所以我们
可以"缘耳而知声，缘目而知色"。不然，我们但可有无数没有系统，没
有意义的感觉，决不能有知识。

　　但是单有"心"，不用"天官"，也不能有知识。因为"天官"所受
的感觉乃是知识的原料；没有原料，便无所知。不但如此，那"征知"的
心，并不是离却一切官能自己独立存在的；其实是和一切官能成为一体，
不可分断的。征知的作用，还只是心与官能连合的作用。例如听官必先听
过钟声，方可闻声即知为钟声；鼻官必先闻过桂花香，方可闻香即知为桂
花香。所以说："然而征知必将待天官之当簿其类，然后可也。""当
簿"如《孟子》"孔子先簿正祭器"的簿字，如今人说"记账"。天官所
曾感觉过的，都留下影子，如店家记账一般。账上有过桂花香，所以后来
闻一种香，便如翻开老账，查出这是桂花香。初次感觉，有如登账，故名
"当簿其类"。后来知物，即根据账簿证明这是什么，故名"征知"。例

如画一"T"字，中国人见了说是甲乙丙丁的"丁"字；英国人见了说是英文第二十字母；那没有文字的野蛮人见了便不认得了。所以说："五官簿之而不知，心征之而无说，则人莫不谓之不知。"

（三）制名的枢要又是什么呢？荀子说，同异既分别了，

> 然后随而命之，同则同之，异则异之。单足以喻则单，单不足以喻则兼。单与兼无所相避则共，虽共不为害矣。知异实之异名也，故使异实者莫不异名也，不可乱也。犹使同实者莫不同名也。故万物虽众，有时而欲遍举之，故谓之"物"。物也者，大共名也。推而共之，共则有共，至于无共然后止。有时而欲偏举之，故谓之"鸟兽"。鸟兽也者，大别名也。推而别之，至于无别然后止。名无固宜，约之以命，约定俗成谓之宜，异于约则谓之不宜。名无固实，约之以命实，约定俗成谓之实名。名有固善，径易而不拂谓之善名。……此制名之枢要也。（以上皆《正名》篇）

制名的枢要只是"同则同之，异则异之"八个字。此处当注意的是荀子知道名有社会的性质，所以说"约定俗成谓之宜"。正名的事业，不过是用法令的权力去维持那些"约定俗成"的名罢了。

以上所说三条，是荀子的正名论的建设一方面。他还有破坏的方面，也分三条。

（一）惑于用名以乱名。荀子举的例是：

（1）"见侮不辱"。（宋子之说）

（2）"圣人不爱己。"（《墨辩·大取》篇云："爱人不外己，己在所爱之中。己在所爱，爱加于己，伦列之爱己，爱人也。"）

（3）"杀盗非杀人也"。（此《墨辩·小取》篇语）

对于这些议论，荀子说：

> 验之所以为有名，而观其孰行，则能禁之矣。

"所以为有名"即是上文所说"明贵贱，别同异"两件。如说"见侮不辱"："见侮"是可恶的事，故人都以为辱。今不能使人不恶侮，岂能使人不把"见侮"当作可耻的事。若不把可耻的事当作可耻的事，便是"贵贱不明，同异无别"了（说详《正论》篇）。"人"与"己"有别，"盗"是"人"的一种；若说"爱己还只是爱人"，又说"杀盗不是杀人"，也是同异无别了。这是驳第一类的"邪说"。

　　（二）惑于用实以乱名。荀子举的例是：

　　　　（1）"山渊平。"（杨注，此即《庄子》云"山与泽平"）

　　　　（2）"情欲寡。"（欲字是动词。《正论》篇说宋子曰："人之情欲寡，而皆以己之情为欲多。"）

　　　　（3）"刍豢不加甘，大钟不加乐。"（杨注：此墨子之说）

荀子说：

　　验之所缘而以同异（而旧作无，今依上文改），而观其孰调，则能禁之矣。

同异多"缘天官"，说已见上文，如天官所见，高耸的是山，低下的是渊，便不可说"山渊平"。这便是墨子三表中的第二表："下原察百姓耳目之实。""情欲寡"一条也是如此。请问：

　　人之情为目不欲綦色，耳不欲綦声，口不欲綦味，鼻不欲綦臭，形不欲綦佚——此五綦者，亦以人之情为不欲乎？曰，人之情欲是已。曰，若是，则说必不行矣。以人之情为欲此五綦者而不欲多，譬之是犹以人之情为欲富贵而不欲货也，好美而恶西施也。（《正论》）

这是用实际的事实来驳那些"用实以乱名"的邪说。

　　（三）惑于用名以乱实。荀子举的例是"非而谒楹有牛马非马也"。这十个字前人都读两个三字句，一个四字句，以为"马非马也"是公孙龙的"白马非马也"。孙诒让读"有牛马，非马也"六字为句，引以证《墨辩·经·下》："牛马之非牛，与可之同，说在兼"一条。《经说·下》

云："'牛马，牛也'，未可。则或可或不可。而曰：'牛马，牛也，未可。'亦不可。且牛不二，马不二，而牛马二。则牛不非牛，马不非马，而牛马非牛非马，无难。"我以为孙说很有理。但上文"非而谒楹"四个字终不可解。

荀子驳他道：

> 验之名约，以其所受，悖其所辞，则能禁之矣。

名约即是"约定俗成谓之宜"。荀子的意思只是要问大家的意见如何。如大家都说"牛马是马"，便可驳倒"牛马非马"的话了。

说辩

荀子也有论"辩"的话，但说得甚略。他是极不赞成"辩"的，所以说：

> 夫民，易一以道而不可与共故。故明君临之以势，道之以道，申之以命，章之以论，禁之以刑。故其民之化道也如神，辩执恶用矣哉？

这就是孔子"天下有道则庶人不议"的意思。他接着说：

> 今圣王没，天下乱，奸言起，君子无势以临之，无刑以禁之，故辩说也。

辩说乃是"不得已而为之"的事。荀子论"辩"有几条界说很有价值。他说：

> 名闻而实喻，名之用也。累而成文，名之丽也。用丽俱得，谓之知名。

又说：

> 名也者，所以期累实也。（期，会也。会，合也。《说文》，累字如累世之累，是形容词）辞也者，兼异实之名以论一意也。（王校，论当作谕。我以为不改也可）辩说也者，不异实名以喻动静之道也。（"不异实名"，谓辩中所用名，须始终同义，不当前后涵义有广狭之区别。）

荀子说"辩"，颇没有什么精彩。他说：

> 期命也者，辩说之用也。辩说也者，心之象道也。……心
> 合于道，说合于心，辞合于说；正名而期，质请（同情）而喻，
> 辩异而不过，推类而不悖；听则合文，辩则尽故。正道而辨奸，
> 犹引绳以持曲直。是故邪说不能乱，百家无所窜。

"正道而辨奸，犹引绳以持曲直"，即是前文所说的，"凡议，必将立隆
正，然后可也。……凡言议期命，以圣王为师。"这种论理，全是演绎
法。演绎法的通律是"以类度类"（《非相》），"以浅持博，以一持
万"（《儒效》）。说得详细点是：

> 奇物怪变，所未尝闻也，所未尝见也，卒然起一方，则举
> 统类而应之，无所疑怍；张法而度之，则晻然若合符节。（《儒
> 效》）

杜威先生与中国

杜威先生今天离开北京，起程归国了。杜威先生于民国八年（1919年）五月一日——"五四"的前三天——到上海，在中国共住了两年零两月。中国的地方他到过并且讲演过的，有奉天、直隶、山西、山东、江苏、江西、湖北、湖南、浙江、福建、广东十一省。他在北京的五种长期讲演录已经过第十版了，其余各种小讲演录——如山西的，南京的，北京学术讲演会的，——几乎数也数不清楚了！我们可以说，自从中国与西洋文化接触以来，没有一个外国学者在中国思想界的影响有杜威先生这样大的。

我们还可以说，在最近的将来几十年中，也未必有别个西洋学者在中国的影响可以比杜威先生还大的。这句预言初听了似乎太武断了。但是我们可以举两个理由：

第一，杜威先生最注重的是教育的革新，他在中国的讲演也要算教育的讲演为最多。当这个教育破产的时代，他的学说自然没有实行的机会。但他的种子确已散布不少了。将来各地的"试验学校"渐渐的发生，杜威的教育学说有了试验的机会，那才是杜威哲学开花结子的时候呢！现在的杜威，还只是一个盛名；十年二十年后的杜威，变成了无数杜威式的试验学校，直接或间接影响全中国的教育，那种影响不应该比现在更大千百倍吗？

第二，杜威先生不曾给我们一些关于特别问题的特别主张，——如共产主义，无政府主义，自由恋爱之类，——他只给了我们一个哲学方法，使我们用这个方法去解决我们自己的特别问题。他的哲学方法总名叫做"实验主义"，分开来可作两步说：

（一）历史的方法——"祖孙的方法"。他从来不把一个制度或学说看作一个孤立的东西，总把他看作一个中段：一头是他所以发生的原因，一头是他自己发生的效果；上头有他的祖父，下头有他的子孙。捉住了这两头，他再也逃不出去了！这个方法的应用，一方面是很忠厚宽恕的，因为他处处指出一个制度或学说所以发生的原因，指出他的历史的背景，故能了解他在历史上占的地位与价值，故不致有过分的苛责。一方面，这个方法又是最严厉的，最带有革命性质的。因为他处处拿一个学说或制度发生的结果，来评判他本身的价值，故最公平，又最厉害。这种方法是一切带有评判（Critical）精神的运动的一个重要武器。

（二）实验的方法。实验的方法，至少注重三件事：

（1）从具体的事实与境地下手；

（2）一切学说理想，一切知识，都只是待证的假设，并非天经地义；

（3）一切学说与理想都须用实行来试验过，实验是真理的唯一试金石。

第一件，——注意具体的境地——使我们免去许多无谓的假问题，省去许多无意识的争论。第二件，——一切学理都看作假设——可以解放许多"古人的奴隶"。第三件，——实验——可以稍稍限制那上天下地的妄想冥思。实验主义只承认那一点一滴做到的进步，——步步有智慧的指导，步步有自动的实验——才是真进化。

特别主张的应用是有限的，方法的应用是无穷的。杜威先生虽去了，他的方法将来一定会得更多的信徒。国内敬爱杜威先生的人若都能注意于推行他所提倡的这两种方法，使历史的观念与实验的态度渐渐的变成思想界的风尚与习惯，那时候，这种哲学的影响之大，恐怕我们最大胆的想象力也还推测不完呢。

因为这两种理由，我敢断定：杜威先生虽去，他的影响仍旧永永存在，将来还要开更灿烂的花，结更丰盛的果。

杜威先生真爱中国，真爱中国人；他这两年之中，对我们中国人，他是我们的良师好友；对于国外，他还替我们做了两年的译人与辩护士。他在《新共和国》（*The New Republic*）和《亚细亚》（*Asia*）两个杂志上发表的几十篇文章，都是用最忠实的态度对于世界为我们作解释的。因为他的人格高尚，故世界的人对于他的评判几乎没有异议〔除了朴兰德（Bland）一流的妄人〕！杜威这两年来对中国尽的这种义务，真应该受我们很诚恳的感谢。

我们对于杜威先生一家的归国，都感觉很深挚的别意。我们祝他们海上平安！

杜威的思想

杜威先生的哲学的基本观念是："经验即是生活，生活即是应付环境。"但是应付环境有高下的程度不同。许多蛆在粪窖里滚去滚来，滚上滚下；滚到墙壁，也会转湾子。这也是对付环境。一个蜜蜂飞进屋里打几个回旋，嗤的一声直飞向玻璃窗上，头碰玻璃，跌倒在地；他挣扎起来，还向玻璃窗上飞；这一回小心了，不致碰破头；他飞到玻璃上，爬来爬去，想寻一条出路：他的"指南针"只是光线，他不懂这光明的玻璃何以不同那光明的空气一样，何以飞不出去！这也是应付环境。一个人出去探险，走进一个无边无际的大树林里，迷了路，走不出来了。他爬上树顶，用千里镜四面观望，也看不出一条出路。他坐下来仔细一想，忽听得远远的有流水的声音；他忽然想起水流必定出山，人跟着水走，必定可以走出去。主意已定，他先寻到水边，跟着水走，果然走出了危险。这也是应付环境。以上三种应付环境，所以高下不同，正为智识的程度不同。蛆的应付环境，完全是无意识的作用；蜜蜂能用光线的指导去寻出路，已可算是有意识的作用了，但他不懂得光线有时未必就是出路的记号，所以他碰着玻璃就受窘了；人是有智识能思想的动物，所以他迷路时，不慌不忙的爬上树顶，取出千里镜，或是寻着溪流，跟着水路出去。人的生活所以尊贵，正为人有这种高等的应付环境的思想能力。故杜威的哲学基本观念是："知识思想是人生应付环境的工具。"知识思想是一种人生日用必不可少的工具，并不是哲学家的玩意儿和奢侈品。

总括一句话，杜威哲学的最大目的，只是怎样能使人类养成那种"创造的智慧"（Creative Intelligence），使人应付种种环境充分满意。换句话说，杜威的哲学的最大目的是怎样能使人有创造的思想力。

因为思想在杜威的哲学系统里占如此重要的地位，所以我现在介绍杜威的思想论。

思想究竟是什么呢？第一，戏台上说的"思想起来，好不伤惨人也"，那个"思想"是回想，是追想，不是杜威所说的"思想"。第二，平常人说的"你不要胡思乱想"，那种"思想"是"妄想"，也不是杜威所说的"思想"。杜威说的思想是用已知的事物作根据，由此推测出别种事物或真理的作用。这种作用，在论理学书上叫做"推论的作用"（Inference）。推论的作用只是从已知的物事推到未知的物事，有前者作根据，使人对于后者发生信用。这种作用，是有根据有条理的思想作用。这才是杜威所指的"思想"。这种思想有两大特性：（一）须先有一种疑惑困难的情境做起点。（二）须有寻思搜索的作用，要寻出新事物或新知识来解决这种疑惑困难。譬如上文所举那个在树林中迷了路的人，他在树林里东行西走，迷了方向寻不出路子：这便是一种疑惑困难的情境。这是第一个条件。那迷路的人爬上树顶远望，或取出千里镜四望，或寻到流水，跟水出山：这都是寻思搜索的作用。这是第二个条件。这两个条件都很重要。人都知"寻思搜索"是很重要的，但是很少人知道疑难的境地也是一个不可少的条件。因为我们平常的动作，如吃饭呼吸之类，多是不用思想的动作；有时偶有思想，也不过是东鳞西爪的胡思乱想。直到疑难发生时，方才发生思想推考的作用。有了疑难的问题，便定了思想的目的；这个目的便是如何解决这个困难。有了这个目的，此时的寻思搜索便都向着这个目的上去，便不是无目的的胡思乱想了。所以杜威说："疑难的问题，定思想的目的；思想的目的，定思想的进行。"

杜威论思想，分作五步说：（一）疑难的境地；（二）指定疑难之点究竟在什么地方；（三）假定种种解决疑难的方法；（四）把每种假定所涵结果，一一想出来，看哪一个假定能够解决这个困难；（五）证实这种解决使人信用；或证明这种解决的谬误，使人不信用。

（一）思想的起点是一种疑难的境地。——上文说过，杜威一派的学者认定思想为人类应付环境的工具。人类的生活若是处处没有障碍，时时方便如意，那就用不着思想了。但是人生的环境，常有更换，常有不测的变迁。到了新奇的局面，遇着不曾经惯的物事，从前那种习惯的生活方法都不中用了。譬如看中国白话小说的人，看到正高兴的时候，忽然碰着一段极难懂的话，自然发生一种疑难。又譬如上文那个迷了路的人，走来走去，走不出去：平时的走路本事，都不中用了。到了这种境地，我们便寻思："这句书怎么解呢？""这个大树林的出路怎么寻得出呢？""这件事怎么办呢？""这便如何是好呢？"这些疑问，便是思想的起点。一切有用的思想，都起于一个疑问符号。一切科学的发明，都起于实际上或思想界里的疑惑困难。宋朝的程颐说，"学原于思"。这话固然不错，但是悬空讲"思"，是没有用的。他应该说："学原于思，思起于疑。"疑难是思想的第一步。

（二）指定疑难之点究竟在何处。——有些疑难是很容易指定的，例如上文那个人迷了路，他的问题是怎样寻一条出险的路子，这是很容易指定的。但是有许多疑难，我们虽然觉得是疑难，但一时不容易指定究竟哪一点是疑难的真问题。我且举一个例。《墨子·小取》篇有一句话："辟（譬）也者，举也物而以明之也。"初读的时候，我们觉得"举也物"三个字不可解，是一种疑难。毕沅注《墨子》径说这个"也"字是衍文，删了便是了。王念孙读到这里，觉得毕沅看错疑难的所在了。因为这句话里的真疑难不在一个"也"字的多少，乃在研究这个地方既然跑出一个"也"字来，究竟这个字可以有解说没有解说。如果先断定这个"也"字是衍文，那就近于武断，不是科学的思想了。这一步的工夫，平常人往往忽略过去，以为可以不必特别提出（看《新潮》杂志第一卷第四号汪敬熙君的《什么是思想》）。杜威以为这一步是很重要的。这一步就同医生的"脉案"，西医的"诊断"一般重要。你请一个医生来看病，你先告诉他，说你有点头痛，发热，肚痛，……你昨天吃了两只螃蟹，又喝了一杯冰忌令（**今译冰激凌**），大概是伤了食。这是你胡乱猜想的话，不大靠得住。那位医生如果是一位好医生，他一定不睬你说的什么。他先看你的舌苔，把你的脉，看你的气色，问你肚子哪一块作痛，大便如何，看你的热度如何，……然后下一个"诊断"，断定你的病究竟在什么地方。若不如此，他便是犯了武断不细心的大毛病了。

（三）提出种种假定的解决方法。——既经认定疑难在什么地方了，稍有经验的人，自然会从所有的经验，知识，学问里面，提出种种的解决方法。例如上文那个迷路的人，要有一条出路，他的经验告诉他爬上树顶去望望看，这是第一个解决法。这个法子不行，他又取出千里镜来，四面远望，这是第二个解决法。这个法子又不行，他的经验告诉他远远的花郎花郎的声音是流水的声音；他的学问又告诉他说，水流必有出路，人跟着水行必定可以寻一条出路。这是第三个解决法。这都是假定的解决。又如上文所说《墨子》"辟也者，举也物而以明之也"一句。毕沅说"也物"的也字是衍文，这是第一个解决。王念孙说，"也"字当作"他"字解，"举也物"即是"举他物"，这是第二个解决。——这些假定的解决，是思想的最要紧的一部分，可以算是思想的骨干。我们说某人能思想，其实只是说某人能随时提出种种假定的意思来解决所遇着的困难。但是我们不可忘记，这些假设的解决，都是从经验学问上生出来的。没有经验学问，决没有这些假定的解决。有了学问，若不能随时发生解决疑难的假设，那便成了吃饭的书橱，有学问等于无学问。经验学问所以可贵，正为他们可以供给这些假设的解决的材料。

（四）决定哪一种假设是适用的解决。——有时候，一个疑难的问题能引起好几个假设的解决法。即如上文迷路的例，有三种假设；一句

《墨子》有两种解法。思想的人，遇着几种解决法发生时，应该把每种假设所含的意义，一一的演出来：如果用这一种假设，应该有什么结果？这种结果是否能解决所遇的疑难？如果某种假设，比较起来最能解决困难，我们便可采用这种解决。例如《墨子》的"举也物"一句，毕沅的假设是删去"也"字，如果用这个假设，有两层结果：第一，删去这个字，成了"举物而以明之也"，虽可以勉强讲得通，但是牵强得很；第二，校勘学的方法，最忌"无故衍字"，凡衍一字必须问当初写书的人，何以多写了一个字；我们虽可以说抄《墨子》的人因上下文都有"也"字，所以无心中多写了一个"也"字，但是这个"也"字是一个煞尾的字，何以在句中多出这个字来？如此看来，毕沅的假设虽可勉强解说，但是总不能充分满意。再看王念孙的解说，把"也"字当作"他"字，这也有两层结果：第一，"举他物而以明之也"，举他物来说明此物，正是"譬"字的意义；第二，他字本作它，古写像也字，故容易互混；既可互混，古书中当不止这一处；再看《墨子》书中，如《备城门》篇，如《小取》篇的"无也故焉"，"也者同也"，都是他字写作也字。如此看来，这个假定解决的涵义果然能解决本文的疑难，所以应该采用这个假设。

　　（五）证明。——第四步所采用的解决法，还只是假定的，究竟是否真实可靠，还不能十分确定，必须有实地的证明，方才可以使人信仰；若不能证实，便不能使人信用，至多不过是一个假定罢了。已证实的假设，能使人信用，便成了"真理"。例如上文所举《墨子》书中"举也物"一句，王念孙能寻出"无也故焉"和许多同类的例，来证明《墨子》书中"他"字常写作"也"字，这个假设的解决便成了可信的真理了。又如那个迷路的人，跟着水流，果然出了险，他那个假设便成了真正适用的解决法了。这种证明比较是很容易的。有时候，一种假设的意思，不容易证明，因为这种假设的证明所需要的情形平常不容易遇着，必须特地造出这种情形，方才可以试验那种假设的是非。凡科学上的证明，大概都是这一种，我们叫做"实验"。譬如科学家葛理赖（Galileo）（今译伽利略）

观察抽气筒能使水升高至三十四尺，但是不能再上去了。他心想这个大概是因为空气有重量，有压力，所以水不能上去了。这是一个假设，不曾证实。他的弟子佗里杰利（Torricelli）（今译托里切利）心想如果水的升至三十四英尺是空气压力所致，那么，水银比水重十三又十分之六倍，只能升高到三十英寸。他试验起来，果然不错。那时葛理赖已死了。后来又有一位哲学家柏斯嘉（Pascal）（今译帕斯卡）心想如果佗里杰利的气压说不错，那么，山顶上的空气比山脚下的空气稀得多，拿了水银管子上山，水银应该下降。所以他叫他的亲戚拿了一管水银走上劈得东（今译多姆）山，水银果然逐渐低下，到山顶时水银比平地要低三寸。于是从前的假设，真成了科学的真理了。思想的结果，到了这个地步，不但可以解决面前的疑难，简直是发明真理，供以后的人大家受用，功用更大了。

以上说杜威分析思想的五步。这种说法，有几点很可特别注意。

（一）思想的起点是实际上的困难，因为要解决这种困难，所以要思想；思想的结果，疑难解决了，实际上的活动照常进行；有了这一番思想作用，经验更丰富一些，以后应付疑难境地的本领就更增长一些。思想起于应用，终于应用；思想是运用从前的经验，来帮助现在的生活，更预备将来的生活。

（二）思想的作用，不单是演绎法，也不单是归纳法；不单是从普通的定理里面演出个体的断案，也不单是从个体的事物里面抽出一个普遍的通则。看这五步，从第一步到第三步，是偏向归纳法的，是先考察眼前的特别事实和情形，然后发生一些假定的通则；但是从第三步到第五步，是偏向演绎法的。是先有了通则，再把这些通则所涵的意义一一演出来，有了某种前提，必然要有某种结果，更用直接或间接的方法，证明某种前提是否真能发生某种效果。懂得这个道理，便知道两千年来西洋的"法式的论理学"（Formal Logic）单教人牢记AEIO等等法式和求同求异等等细则，都不是训练思想力的正当方法。思想的真正训练，是要使人有真切的经验来作假设的来源；使人有批评判断种种假设的能力；使人能造出方法来证明假设的是非真假。

　　杜威一系的哲学家论思想的作用，最注意"假设"。试看上文所说的五步之中，最重要的就是第三步。第一步和第二步的工夫只是要引起这第三步的种种假设；以下第四第五两步只是把第三步的假设演绎出来，加上评判，加上证验，以定那种假设是否适用的解决法。这第三步的假设是承上启下的关键，是归纳法和演绎法的关头。我们研究这第三步，应该知道这一步在临时思想的时候是不可强求的；是自然涌上来，如潮水一样，压制不住的；他若不来时，随你怎样搔头抓耳，挖尽心血，都不中用。假使你在大树林里迷了路，你脑子里熟读的一部《穆勒名学》或《陈文名学讲义》，都无济于事，都不能供给你"寻着流水，跟着水走出去"的一个假设的解决。所以思想训练的着手工夫在于使人有许多活的学问知识，活的学问知识的最大来源在于人生有意识的活动。使活动事业得来的经验，是真实可靠的学问知识。这种有意识的活动，不但能增加我们假设意思的来源，还可训练我们时时刻刻拿当前的问题来限制假设的范围，不至于上天下地的胡思乱想。还有一层，人生实际的事业，处处是实用的，处处用效果来证实理论，可以养成我们用效果来评判假设的能力，可以养成我们的实验的态度。养成了实验的习惯，每起一个假设，自然会推想到他所涵的效果，自然会来用这种推想出来的效果来评判原有的假设的价值。这才是思想训练的效果，这才是思想能力的养成。

行为道德种种

杜威论人生的行为道德，也极力反对从前哲学家所固执的种种无谓的区别。

（1）主内和主外的区别。主内的偏重行为的动机，偏重人的品性。主外的偏重行为的效果，偏重人的动作。其实这都是一偏之见。动机也不是完全在内的，因为动机都是针对一种外面的境地起来的。品性也不是完全在内的，因为品性往往都是行为的结果：行为成了习惯，便是品行。主外的也不对。行为的结果也不是完全在外的，因为有意识的行为都有一种目的，目的就是先已见到的效果。若没有存心，行为的善恶都不成道德的问题，譬如我无心中掉了十块钱，有人拾去，救了他一命。结果虽好，算不得是道德。至于行为动作有外有内，更显而易见了。杜威论道德，不认古人所定的这些区别。他说，平常的行为，本没有道德和不道德的区别。遇着疑难的境地，可以这样做，也可以那样做；但是这样做便有这等效果，那样做又有那种结果：究竟还是这样做呢，还该那样做呢？到了这个选择去取的时候，方才有一个道德的境地，方才有道德和不道德的问题。这种行为，自始至终，只是一件贯串的活动，没有什么内外的区别。最初估量决择的时候，虽是有些迟疑。究竟疑虑也是活动，决定之后，去彼取此，决心做去，那更是很明显的活动了。这种行为，和平常的行为并无根本的区别。这里面主持的思想，即是平常猜谜演算术的思想，并没有一个特别的良知。这里面所用的参考资料和应用工具，也即是经验和观念之类，并无特别神秘的性质。总而言之，杜威论道德，根本上不承认主内和主外的分别，知也是外，行也是内；动机也是活动，疑虑也是活动，做出来的结果也是活动。若把行为的一部分认作"内"，一部分认作"外"，那就是把一件整个的活动分作两截，那就是养成知行不一致的习惯，必致于向活动之外另寻道德的教育。活动之外的道德教育，如我们中国的读经修身之类，决不能有良好的效果的。

（2）责任心和兴趣的分别。西洋论道德的，还有一个很严的区别，就是责任心和兴趣的区别。偏重责任心的人说，你"该"如此做。不管你是否愿意，你总得如此做。中国的董仲舒和德国的康得（**今译康德**）都是这一类。还有一班人偏重兴趣一方面，说，我高兴这样做，我爱这样做。孔子说的"知之者不如好之者，好之者不如乐之者"，便是这个意思。有许多哲学家把"兴趣"看错了，以为兴趣即是自私自利的表示，若跟着"兴趣"做去，必致于偏向自私自利的行为。这派哲学家因此便把兴趣和责任心看作两件绝对相反的东西。所以学校中的道德教育只是要学生脑子里记得许多"应该"做的事，或是用种种外面的奖赏刑罚之类，去监督学生的行为。这种方法，杜威极不赞成。杜威以为责任和兴趣并不是反对的。兴趣并不是自私自利，不过是把我自己和所做的事看作一件事。换句话说，兴趣即是把所做的事认做我自己的活动的一部分。譬如一个医生，当鼠疫盛行的时候，他不顾传染的危险，亲自天天到疫区去医病救人。我们一定说他很有责任心。其实他只不过觉得这种事业是他自己的活动的一部分，所以冒险做去。他若没有这种兴趣，若不能在这种冒险救人的事业里面寻出兴趣，那就随书上怎么把责任心说得天花乱坠，他决不肯去做。如此看来，真正责任心只是一种兴趣。杜威说，"责任"（Duty）古义本是"职务（Office），只是"执事者各司其事"。兴趣即是把所要做的事认作自己的事。仔细看来，兴趣不但和责任心没有冲突，并且可以补助责任心。没有兴趣的责任，如囚犯作苦工，决不能真有责任心。况且责任是死的，兴趣是活的。兴趣的发生，即是新能力发生的表示，即是新活动的起点。即如上文所说的医生，他初行医的时候，他的责任只在替人医病，并不曾想到鼠疫的事。后来鼠疫发生了，他若是觉得他的兴趣只在平常的医病，他决不会去冒险做疫区救济的事。他所以肯冒传染的危险，正为他此时发生一种新兴趣，把疫区的治疗认作他的事业的一部分，故疫区的危险都不怕了。学校中的德育也是如此。学生对于所做的工课毫无兴趣，怪不得要出去打牌吃酒去了。若是学校的生活能使学生天天发生新兴趣，他自然不想做不道德的事了。这才是真正的道德教育。社会上的道德教育，也是如此。商店的伙计，工厂的工人，一天做十五六点钟的苦工，做的头昏脑闷，毫无兴趣，他们自然要想出去干点不正当的娱乐。圣人的教训，宗教的戒律，到此全归无用。所以现在西洋的新实业家，一方面减少工作的时间，增加工作的报酬，一方面在工厂里或公司里设立种种正当的游戏，使做工的人都觉得所做的事是有趣味的事。有了这种兴趣，不但做事更肯尽职，并且不要去寻那不正当的娱乐了。所以真正的道德教育在于使人对于正当的生活发生兴趣，在于养成对于所做的事发生兴趣的习惯。

不朽

——我的宗教

　　不朽有种种说法，但是总括看来，只有两种说法是真有区别的。一种是把"不朽"解作灵魂不灭的意思。一种就是《春秋左传》上说的"三不朽"。

　　（一）神不灭论。宗教家往往说灵魂不灭，死后须受末日的裁判：做好事的享受天国天堂的快乐，做恶事的要受地狱的苦痛。这种说法，几千年来不但受了无数愚夫愚妇的迷信，居然还受了许多学者的信仰。但是古往今来也有许多学者对于灵魂是否可离形体而存在的问题，不能不发生疑问。最重要的如南北朝人范缜的《神灭论》说："形者神之质，神者形之用。……神之于质，犹利之于刀；形之于用，犹刀之于利。……舍利无刀，舍刀无利。未闻刀没而利存，岂容形亡而神在？"宋朝的司马光也说："形既朽灭，神亦飘散，虽有剉烧舂磨，亦无所施。"但是司马光说的"形既朽灭，神亦飘散"，还不免把形与神看作两件事，不如范缜说得更透彻。范缜说人的神灵即是形体的作用，形体便是神灵的形质。正如刀子是形质，刀子的利钝是作用；有刀子方才有利钝，没有刀子便没有利钝。人有形体方才有作用：这个作用，我们叫做"灵魂"。若没有形体，便没有作用了，便没有灵魂了。范缜这篇《神灭论》出来的时候，惹起了无数人的反对。梁武帝叫了七十几个名士作论驳他，都没有什么真有价值的论议。其中只有沈约的《难神灭论》说："利若遍施四方，则利体无处复立；利之为用正存一边毫毛处耳。神之与形，举体若合，又安得同乎？若以此譬为尽耶，则不尽；若谓本不尽耶，则不可以为譬也。"这一段是说刀是无机体，人是有机体，故不能彼此相比。这话固然有理，但终不能推翻"神者形之用"的议论。近世唯物派的学者也说人的灵魂并不是什么无形体，独立存在的物事，不过是神经作用的总名；灵魂的种种作用都即是脑部各部分的机能作用；若有某部被损伤，某种作用即时废止；人年幼时脑部不曾完全发达，神灵作用也不能完全，老年人脑部渐渐衰耗，神灵作用也渐渐衰耗。这种议论的大旨，与范缜所说"神者形之用"正相同。但是有许多人总舍不得把灵魂打消了，所以咬住说灵魂另是一种神秘玄妙的物事，并不是神经的作用。这个"神秘玄妙"的物事究竟是什么，他们也说不出来，只觉得总应该有这么一件物事。既是"神秘玄妙"，自然不能用科学试验来证明他，也不能用科学试验来驳倒他。既然如此，我们只好用实验主义（Pragmatism）的方法，看这种学说的实际效果如何，以为评判的标准。依此标准看来，信神不灭论的固然也有好人，信神灭论的也未必全是坏人。即如司马光、范缜、赫胥黎一类的人，说不信灵魂不灭的话，何尝没有高尚的道德？更进一层说，有些人因为迷信天堂，天国，地狱，末日裁判，方才修德行善，这种修行全是自私自利的，也算不得真正道德。总而言之，灵魂灭不灭的问题，于人生行为上实在没有什么重大影响；既没有实际的影响，简直可说是不成问题了。

（二）三不朽说。《左传》说的三种不朽是：一，立德的不朽。二，立功的不朽。三，立言的不朽。"德"便是个人人格的价值，像墨翟、耶稣一类的人，一生刻意孤行，精诚勇猛，使当时的人敬爱信仰，使千百年后的人想念崇拜。这便是立德的不朽。"功"便是事业，像哥仑布（**今译哥伦布**）发现美洲，像华盛顿造成美洲共和国，替当时的人开一新天地，替历史开一新纪元，替天下后世的人种下无量幸福的种子。这便是立功的不朽。"言"便是语言著作，像那《诗经》三百篇的许多无名诗人，又像陶潜、杜甫、萧士比亚（今译莎士比亚）、易卜生一类的文学家，又像柏拉图、卢骚（今译卢梭）、弥儿（今译密尔）一类的文学家，又像牛敦（今译牛顿）、达尔文一类的科学家，或是做了几首好诗使千百年后的人欢喜感叹；或是做了几本好戏使当时的人鼓舞感动，使后世的人发愤兴起；或是创出一种新哲学，或是发明了一种新学说，或在当时发生思想的革命，或在后世影响无穷。这便是立言的不朽。总而言之，这种不朽说，不问人死后灵魂能不能存在，只问他的人格，他的事业，他的著作有没有永远存在的价值。如孔教会的人每到了孔丘的生日，一定要举行祭孔的典礼，还有些人学那"朝山进香"的法子，要赶到曲阜孔林去对孔丘的神灵表示敬意！其实孔丘的不朽全在他的人格与教训，不在他那"在天之灵"。大总统多行两次丁祭，孔教会多行两次"朝山进香"，就可以使孔丘格外不朽了吗？更进一步说，像那《三百篇》里的诗人，也没有姓名，也没有事实，但是他们都可说是立言的不朽。为什么呢？因为不朽全靠一个人的真价值，并不靠姓名事实的流传，也不靠灵魂的存在。试看古今来的多少大发明家，那发明火的，发明养蚕的，发明缫丝的，发明织布的，发明水车的，发明舂米的水碓的，发明规矩的，发明秤的，……虽然姓名不传，事实湮没，但他们的功业永远存在，他们也就都不朽了。这种不朽比那个人的小小灵魂的存在，可不是更可宝贵，更可羡慕吗？况且那灵魂的有无还在不可知之中，这三种不朽——德，功，言，——可是实在的。这三种不朽可不是比那灵魂的不灭更靠得住吗？

以上两种不朽论，依我个人看来，不消说得，那"三不朽说"是比那"神不灭说"好得多了。但是那"三不朽说"还有三层缺点，不可不知。第一，照平常的解说看来，那些真能不朽的人只不过那极少数有道德，有功业，有著述的人。还有那无量平常人难道就没有不朽的希望吗？世界上能有几个墨翟、耶稣，几个哥仑布、华盛顿，几个杜甫、陶潜，几个牛敦、达尔文呢？这岂不成了一种"寡头"的不朽论吗？第二，这种不朽论单从积极一方面着想，但没有消极的裁制。那种灵魂的不朽论既说有天国的快乐，又说有地狱的苦楚，是积极消极两方面都顾着的。如今单说立德可以不朽，不立德又怎样呢？立功可以不朽，有罪恶又怎样呢？第三，这种不朽论所说的"德，功，言"三件，范围都很含糊。究竟怎样的人格方才可算是"德"呢？怎样的事业方才可算是"功"呢？怎样的著作方才可算是"言"呢？我且举一个例。哥仑布发现美洲固然可算得立了不朽之功，但是他船上的水手火头又怎样呢？他那只船的造船工人又怎样呢？他船上用的罗盘器械的制造工人又怎样呢？他所读的书的著作者又怎样呢？……举这一条例，已可见"三不朽"的界限含糊不清了。

因为要补足这三层缺点，所以我想提出第三种不朽论来请大家讨论。我一时想不起别的好名字，姑且称他做"社会的不朽论"。

（三）社会的不朽论。社会的生命，无论是看纵剖面，是看横截面，都像一种有机的组织。从纵剖面看来，社会的历史是不断的。前人影响后人，后人又影响更后人。没有我们的祖宗和那无数的古人，又哪里有今日的我和你？没有今日的我和你，又哪里有将来的后人？没有那无量数的个人，便没有历史，但是没有历史，那无数的个人也决不是那个样子的个人。总而言之，个人造成历史，历史造成个人。从横截面看来，社会的生活是交互影响的。个人造成社会，社会造成个人。社会的生活全靠个人分工合作的生活，但个人的生活，无论如何不同，都脱不了社会的影响。若没有那样这样的社会，决不会有这样那样的我和你；若没有无数的我和你，社会也决不是这个样子。来勃尼慈（Leibnitz）（今译莱布尼茨）说得好：

> 这个世界乃是一片大充实（Plenum，为真空Vacuum之对），其中一切物质都是接连着的。一个大充实里面有一点变动，全部的物质都要受影响，影响的程度与物体距离的远近成正比例。世界也是如此。每一个人不但直接受他身边亲近的人的影

响，并且间接又间接的受距离很远的人的影响。所以世间的交互影响，无论距离远近，都受得着的。所以世界上的人，每人受着全世界一切动作的影响。如果他有周知万物的智慧，他可以在每人的身上看出世间一切施为，无论过去未来都可看得出，在这一个现在里面便有无穷时间空间的影子。见Monadology第六十一节

从这个交互影响的社会观和世界观上面，便生出我所说的"社会的不朽论"来。我这"社会的不朽论"的大旨是：

我这个"小我"不是独立存在的，是和无量数小我有直接或间接的交互关系的；是和社会的全体和世界的全体都有互为影响的关系的；是和社会世界的过去和未来都有因果关系的。种种从前的因，种种现在无数"小我"和无数他种势力所造成的因，都成了我这个"小我"的一部分。我这个"小我"，加上了种种从前的因，又加上了种种现在的因，传递下去，又要造成无数将来的"小我"。这种种过去的"小我"，和种种现在的"小我"，和种种将来无穷的"小我"，一代传一代，一点加一滴；一线相传，连绵不断；一水奔流，滔滔不绝：——这便是一个"大我"。"小我"是会消灭的，"大我"是永远不灭的。"小我"是有死的，"大我"是永远不死，永远不朽的。"小我"虽然会死，但是每一个"小我"的一切作为，一切功德罪恶，一切语言行事，无论大小，无论是非，无论善恶，一一都永远留存在那个"大我"之中。那个"大我"，便是古往今来一切"小我"的纪功碑，彰善祠，罪状判决书，孝子慈孙百世不能改的恶谥法。这个"大我"是永远不朽的，故一切"小我"的事业，人格，一举一动，一言一笑，一个念头，一场功劳，一桩罪过，也都永远不朽。这便是社会的不朽，"大我"的不朽。

那边"一座低低的土墙，遮着一个弹三弦的人"。那三弦的声浪，在空间起了无数波澜；那被冲动的空气质点，直接间接冲动无数旁的空气质点；这种波澜，由近而远，至于无穷空间；由现在而将来，由此刹那以至于无量刹那，至于无穷时间：——这已是不灭不朽了。那时间，那"低低

的土墙"外边来了一位诗人，听见那三弦的声音，忽然起了一个念头；由这一个念头，就成了一首好诗；这首好诗传诵了许多人；人读了这诗，各起种种念头；由这种种念头，更发生无量数的念头，更发生无数的动作，以至于无穷。然而那"低低的土墙"里面那个弹三弦的人又如何知道他所发生的影响呢？

一个生肺病的人在路上偶然吐了一口痰。那口痰被太阳晒干了，化为微尘，被风吹起空中，东西飘散，渐吹渐远，至于无穷时间，至于无穷空间。偶然一部分的病菌被体弱的人呼吸进去，便发生肺病，由他一身传染一家，更由一家传染无数人家。如此辗转传染，至于无穷空间，至于无穷时间。然而那先前吐痰的人的骨头早已腐烂了，他又如何知道他所种的恶果呢？

一千五六百年前有一个人叫做范缜说了几句话道："神之于形，犹利之于刀；未闻刀没而利存，岂容形亡而神在？"这几句话在当时受了无数人的攻击。到了宋朝有个司马光把这几句话记在他的《资治通鉴》里。一千五六百年之后，有一个十一岁的小孩子，——就是我，——看《通鉴》到这几句话，心里受了一大感动，后来便影响了他半生的思想行事。然而那说话的范缜早已死了一千五百年了！

二千六七百年前，在印度地方有一个穷人病死了，没人收尸，尸首暴露在路上，已腐烂了。那边来了一辆车，车上坐着一个王太子，看见了这个腐烂发臭的死人，心中起了一念；由这一念，辗转发生无数念。后来那位王太子把王位也抛了，富贵也抛了，父母妻子也抛了，独自去寻思一个解脱生老病死的方法。后来这位王子便成了一个教主，创了一种哲学的宗教，感化了无数人。他的影响势力至今还在。将来即使他的宗教全灭了，他的影响势力终久还存在，以至于无穷。这可是那腐烂发臭的路毙所曾梦想到的吗？

以上不过是略举几件事，说明上文说的"社会的不朽""大我的不朽"。这种不朽论，总而言之，只是说个人的一切功德罪恶，一切言语行事，无论大小好坏，一一都留下一些影响在那个"大我"之中，一一都与这永远不朽的"大我"一同永远不朽。

上文我批评那"三不朽论"的三层缺点：（一）只限于极少数的人，（二）没有消极的裁制，（三）所说"功，德，言"的范围太含糊了。如今所说"社会的不朽"，其实只是把那"三不朽论"的范围更推广了。既然不论事业功德的大小，一切都可不朽，那第一第三两层短处都没有了。冠绝古今的道德功业固可以不朽，那极平常的"庸言庸行"，油盐柴米的琐屑，愚夫愚妇的细事，一言一笑的微细，也都永远不朽。那发现美洲的哥仑布固可以不朽，那些和他同行的水手火头，造船的工人，造罗盘器械的工人，供给他粮食衣服银钱的人，他所读的书的著作家，生他的父母，生他父母的父母祖宗，以及生育训练那些工人商人的父母祖宗，以及他以前和同时的社会，……都永远不朽。社会是有机的组织，那英雄伟人可以不朽，那挑水的，烧饭的，甚至于浴堂里替你擦背的，甚至于每天替你家掏粪，倒马桶的，也都永远不朽。至于那第二层缺点，也可免去。如今说立德不朽，行恶也不朽；立功不朽，犯罪也不朽；"流芳百世"不朽，"遗臭万年"也不朽；功德盖世固是不朽的善因，吐一口痰也有不朽的恶果。我的朋友李守常先生说得好："稍一失脚，必致遗留层层罪恶种子于未来无量的人，——即未来无量的我，——永不能消除，永不能忏悔。"这就是消极的裁制了。

中国儒家的宗教提出一个父母的观念，和一个祖先的观念，来做人生一切行为的裁制力。所以说"一出言而不敢忘父母，一举足而不敢忘父母"。父母死后，又用丧礼祭礼等等见神见鬼的方法，时刻提醒这种人生行为的裁制力。所以又说，"斋明盛服，以承祭祀，洋洋乎如在其上，如在其左右"。又说，"斋三日，则见其所为斋者；祭之日，入室，僾然必有见乎其位；周还出户，肃然必有闻乎其容声；出户而听，忾然必有闻乎其叹息之声"。这都是"神道设教"，见神见鬼的手段。这种宗教的手段在今日是不中用了。还有那种"默示"的宗教，神权的宗教，崇拜偶像的宗教，在我们心里也不能发生效力，不能裁制我们一生的行为。以我个人看来，这种"社会的不朽"观念很可以做我的宗教了。我的宗教的教旨是：

> 我这个现在的"小我"，对于那永远不朽的"大我"的无穷过去，须负重大的责任；对于那永远不朽的"大我"的无穷未来，也须负重大的责任。我须要时时想着，我应该如何努力利用现在的"小我"，方才可以不辜负了那"大我"的无穷过去，方才可以不遗害那"大我"的无穷未来？

思想的方法

　　一个人的思想，差不多是防身的武器，可以批评什么主义，可以避免一切纷扰。我们人总以为思想只有智识阶级才有，可是这是不尽然的；有时候，思想不但普通人没有，就是学者也没有。普通人每天做事，吃饭，洗脸，漱口，……都是照着习惯做去，没有思想的必要，所以不能称为有思想；就关着窗子，闭着门户，一阵子的胡思乱想，也绝对不是思想的本义。原来思想是有条理，有系统，有方法的。

　　我们遇着日常习惯的事，总是马马虎虎的过去；及至有一个异于平常的困难发生，才用思想去考虑和解决。譬如学生每天从宿舍到课堂，必须经过三叉路和电车站，再走过二行绿荫荫的柳树，和四层楼的红房子，然后才至课堂。这在每天来往的学生，是极平常而不注意的事；但要是一个新考进来的学生，当他到了三叉路口的辰光，一定有一个问题发生：就是在这三条路中，究竟打哪一条路走能到目的地？那个时候，要解决这个困难，思想便发生了。

　　要管理我们的思想，照心理学上讲，须要用五种步骤：

　　一、困难的发生。人必遇有歧路的环境或疑难问题的时候，才有思想发生。倘无困难，决不会发生思想。

　　二、指定困难的所在。有的困难是很容易解决的，那就没有讨论和指定困难的所在的必要。要是像医生的看病，那就是有关人命了。我们遇着一个人生病的时光，往往自己说不出病之所在；及至请了医生来，他诊了脉搏，验了小便，就完了事；后来吃了几瓶药水，就能够恢复原状。他所以能够解决困难，和我们所以不能解决困难的不同点，就在能否指定和认清困难之所在罢了。

三、假设解决困难的方法。这就是所谓出主意了。像三叉路口的困难者，他有了主意，必定向电车站杨柳树那边跑。这种假说的由来，多赖平日的知识与经验。语云："养兵千日，用在一朝。"我们求学亦复如此。这一步实是最重要的一步。要是在没有思想的人，他在脑袋中，东也找不到，西也找不到，虽是他在平常，能够把书本子倒背出来；可是没有观察的经验，和考虑的能力，一辈子的胡思乱想，终是不能解决困难的啊。

但是也有人，因为学识太足了，经验太富了，到困难来临的时候，脑海中同时生了许多不同的解决方法；有的时候，把对的主意，给个人的感情和嗜好压了下去，把不对的主意，反而实行了。及后铸成大错，追悔莫及。所以思想多了，一定还要用精密谨慎的方法，去选定一个最好的主意。

四、判断和选定假设之结果。假若我脑海中有了三种主意：第一主意的结果是A、B、C、D，第二主意的结果是E、F、G，第三主意的结果是H、I，那个时候，就要考虑他三个结果的价值和利害，然后把其中最容易而准确的结果设法证明。

还有我们做事，往往用主观的态度，而不用客观的态度；这就是我们常说的"某人说话，不负责任"的解释了。

此次五卅惨案，也有许多激烈的青年，主张和英国宣战，他们没有想到战争时，和战争后，政治上，商业上，交通上，经济上，军事上的一切设备和结果。他们只知唱高调，不负责任的胡闹，只被成见和一时感情的冲动所驱使，没有想到某种条件有某种结果，和某种结果有没有解决某种条件的可能。

五、证实结果。既已择定一个解决困难的方法，再要实地试验，看他实效的如何以定是非与价值。遇有事实不易在自然界发生的，则用人力造成某种条件以试验之。例如欲知水是否为轻养（氢氧）二元素所构成，此事在自然界不易发生，于是以人力合二原质于一处，加以热力，考察是否能成水。更以水分析之，看能否成轻养二元素，即从效果上来证实水的成分。

从前我的父亲有一次到满洲去勘界。一天到了一个大森林，走了多天，竟迷了路；那个时候干粮也吃完了，马也疲乏了，在无可如何的时光，他爬上山顶，登高一望，只见翠绿的树叶，弥漫连续，他用来福枪放起来，再把枯树焦叶烧起来，可是等了半天，连救援人的影踪也找不到。他便着急起来了，隔一回儿，他想从前古书里有一句话，叫做"水必出山"。他便选定了这个办法，找到了河，遵了河道，走了一日夜，竟达到了目的地。

又有一例。禅宗中有一位烧饭的，去问他的大法师道："佛法是什么？"那大法师算了半天，才回答道："上海的棉花，二个铜子一斤。"烧饭的便说道："我问你的是佛法，你答我的是棉花，这真是牛头不对马面了。"隔了三年，他到了杭州的灵隐寺去做烧饭，他又乘便问那主持的和尚道："佛法是什么？"那主持和尚道："杭州的棉花，也是二个铜子一斤。"他更莫名其妙；于是他便跑到普陀山，峨眉山……途中饱尝了饥渴盗匪之苦，问了许多和尚法师，竟没有得到一个圆满的解决。有一天，他到一个破庙房，碰到一个老年的女丐，口中咿唔的在自语着，他在不知不解间，听得一句不相干的话，忽然间竟觉悟了世界上怎样的困难，他也就明白了"佛法是什么"。他在几十年中所怀的闷葫芦，一旦竟明白了，不是偶然的。这就是孟子所说"资之深，则取之左右逢其源"，只要把自己的思想运用，把自己的脑筋锻炼，那么，什么东西都可以迎刃而解了！

在宋朝有一个和尚，名叫法贤，人家称他做五祖大师，他最喜欢讲笑话。他讲：从前有一个贼少爷，问贼老爷道："我的年纪也大了，也不能天天玩耍了，爹爹也可以教我一点立身之道吗？"那贼老爷并不回答他，到了晚上，导他到一座高大的屋宇，进了门，便把自己身边的钥匙，开了一个很大的衣橱，让他的儿子进去，待到贼少爷跨进衣橱，贼老爷把橱门拍的关上，并且锁着；自己连喊"捉贼，捉贼"的逃走了。那时候，贼少爷在衣橱里是急极了，他想，"我的爹爹叫我来偷东西，那么他为什么把我锁在里边，岂不是叫他们活剥剥的把我捉住，送我到牢狱里去，尝铁窗风味吗？"可是他既而一想，"怎么样我可以出去？"便用嘴作老鼠咬衣服的声音，孜孜的一阵乱叫，居然有人给他开门了，他便乘着这个机会，把开门的人打倒，把蜡烛吹灭，等到仆人们来追赶他，他早已一溜烟的跑回家了。他看见父亲之后，第一声便问道："你为什么把我关在橱里呢？"那贼老爷道："我先要问你，你是怎么样出来的？"他便把实情一五一十的讲给贼老爷听，他听了之后，眉开眼笑的说道："你也干得了！"要是这位贼少爷，在困难发生的时候，不用思想，他早已大声的喊道："爹爹啊！不要关门啊"了。

我们读书不当死读，要讲合用；在书本之外，尤其要锻炼脑力，运用思想，和我的父亲，禅宗中的烧饭者和贼少爷一般无二。他们是能用有条理有系统有方法的思想，去解决他们的困难的。

我记得前几天有一个日本新闻记者问我："现在中国青年的思想是什么？"我便很爽快的答道："中国的青年，是没有思想的。"这一句话，我觉得有一点武断，并且很对不起我国的青年，可是我也有不得已的苦衷。当我在北京大学教论理学的时光，我出了三个问题：

（一）照你自己经验上讲，有何可称为思想的事实？

（二）在福尔摩斯的侦探案中，用科学方法分析出来有何可称为思想的事实？

（三）在科学发明史上，有何可称为思想的事实？

到了后来，第二第三都能回答得很对，第一问题简直回答的不满十分之二，而他们所回答的，完全是答非所问。这便因为他们平时不注意于运用思想的缘故。

哲学的将来

（一）哲学的过去

过去的哲学只是幼稚的、错误的或失败了的科学。

宇宙论→天文学、物理学、生物学、生物化学。

本体论→物理、化学、生物、物理化学、生物化学。

知识论→物理学、心理学、科学方法。

道德哲学→社会学、人类学、心理学、生物学、遗传学。

政治哲学→经济学、统计学、社会学、史学……

（二）过去的哲学学派只可在人类知识史与思想史上占一个位置，如此而已。

哲学既是幼稚的科学，自然不当自别于人类知识体系之外。

最早的Democritus（德漠克利特）以及Epicurus（伊壁鸠鲁）一派的元子论既可以在哲学史上占地位，何以近世发明九十元子（素）的化学家，与伟大的Mendelief（门捷列夫）的元子周期律不能在哲学史上占更高的地位？

最早乱谈阴阳的古代哲人既列在哲学史，何以三四十年来发现阴电子（Electron）的Thomson（汤姆生）与发现阳电子（Proton）的Rutherford（卢瑟福）不能算作更伟大的哲学家？

最早乱谈性善恶的孟子、荀子既可算作哲学家，何以近世创立遗传学的

George J. Mendel（格雷戈尔·孟德尔）不能在哲学史上占一个更高的地位？

（三）哲学的将来

1. 问题的更换

问题的解决有两途：

（1）解决了。

（2）知道不成问题，就抛弃了。

凡科学已解决的问题，都应承受科学的解决。

凡科学认为暂时不能解决的问题，都成为悬案。

凡科学认为成问题的问题，都应抛弃。

2. 哲学的根本取消

问题可解决的，都解决了。一时不能解决的，还得靠科学实验的帮助与证实。科学不能解决的，哲学也休想解决。即使提出解决，也不过是一些待证的假设，不足于取信现代的人。

故哲学家自然消灭，变成普通思想的一部分。在生活的各方面，自然总不免有理论家继续出来，批评已有的理论或解释已发现的事实，或指摘其长短得失，或沟通其冲突矛盾，或提出新的解释，请求专家的试验与证实。这种人都可称为思想家，或理论家。自然科学有自然科学的理论学，这种人便是将来的哲学家。

但他们都不能自外于人类的最进步的科学知识思想，而自夸不受科学制裁的哲学家。他们的根据必须是已证实的事实；自然科学的材料或社会科学的统计调查。他们的方法必须是科学实验的方法。

若不如此，那他们不是将来的思想家，只是过去的玄学鬼。

将来只有一种知识，科学知识。

将来只有一种知识思想方法：科学证实方法。

将来只有思想家，而无哲学家：他们的思想，已证实的便成为科学的一部分，未证实的叫做特征的假设（Hypothesis）。

下卷

胡适谈理想

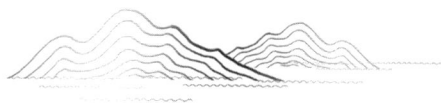

◇

生命本没有意义，你要能给它什么意义，他就有什么意义。与其终日冥想人生有何意义，不如试用此生做点有意义的事。

朋友们，在你最悲观最失望的时候，那正是你必须鼓起坚强的信心的时候。你要深信：天下没有白费的努力。成功不必在我，而功力必不唐捐。

堕落的方式很多，总括起来，约有这两大类：第一条是容易抛弃学生时代的求知识的欲望。第二条是容易抛弃学生时代的理想的人生的追求。

◇

从历史上看哲学是什么

　　这个题目很重要，从人类历史上看哲学是什么，一方面要修正我在《中国哲学史》上卷里所下哲学的定义，一方面要指示给学哲学的人一条大的方向，引起大家研究的兴味。

　　我在今年（1925年）一二月《晨报副刊》上发表杜威先生哲学改造的论文，今天所讲，大部分是根据杜威先生的学说；他的学说原是用来解释西洋哲学的，但杜威先生是一个实验主义者，他的学说要能够解释中国或印度的哲学思想，才能算是成立。

　　杜威先生的意思，以为哲学的来源，是人类最初的历史传说或跳舞诗歌迷信等等幻想的材料，经过两个时期，才成为哲学。

　　（一）整齐统一的时期，传说神话变成了历史，跳舞诗歌变成了艺术，迷信变成了宗教，个人的想象与暗示，跟了一定法式走，无意识的习惯与有意识的褒贬，合成一种共同的风尚。造成了种种制度仪节。

　　（二）冲突调和的时期，人类渐渐进步，经验多了，事实的知识分量增加，范围扩大。于是幻想的礼俗及迷信传统的学说，与实证的人生日用的常识，起了冲突，因而批评的调和的哲学发生，例如希腊哲人"Sophist"（诡辩家）之勃兴，便是西洋哲学的起源。"Sophist"对于一切怀疑，一切破坏，当时一般人颇发生反感，斥哲人为诡辨，为似是而非。"Sophist"一字，至今成了恶名。有人觉得哲人过于激烈，应将传统的东西保存一部分，如Socrates（苏格拉底）辈。但社会仍嫌他过激，法庭宣告他的死刑。后来经过柏拉图、亚里士多德等的调和变化，将旧信仰洗刷一番，加上些论理学、心理学等等，如卫道护法的工具，于是成了西洋的正统哲学。

归纳起来说，正统哲学有三大特点：

（1）调和新旧思想，替旧思想旧信仰辩护，带一点不老实的样子。

（2）产生辨证的方法，造成论理的系统，其目的在护法卫道。

（3）主张二元的世界观，一个是经验世界，一个是超经验的世界，在现实世界里不能活动的，尽可以在理想的世界里玩把戏。现在要拿杜威先生关于正统哲学的解释，来看是否适用于中国。我研究的结果，觉得中国哲学完全可以适用杜威的学说。

中国古代的正统哲学是儒墨两大派，中古时代是儒教，近世自北宋至今是宋明理学，尤其是程朱的理学。

现在分论古代中古近世三期。

中国古代的哲学原料，诗歌载在《诗经》，卜筮迷信载在《易经》，礼俗仪容载在《礼记》，历史传说载在《尚书》。在西历纪元前二千五百年，初民思想已经过一番整齐统一。一切旧迷信旧习惯传说已成了经典。

纪元前五六百年老子孔子等出，正当新旧思潮冲突调和的时期，古代正统哲学才算成立。老子是旧思想的革命家，过激党，攻击旧文化，攻击当时政治制度。古代以天为有意志有赏罚，而老子说天地不仁，将有意志的天变为无往而不在，无为而无不为的天，是一个自然主义的天道观。老子这样激烈的态度，自然为当世所不容。他很高明，所以自行隐遁。邓析比老子更激烈，致招杀身之祸，没有书籍流传后世，可见当时两种思想冲突的厉害。

于是调和论出来了，孔子一方面承认自然主义的天道观，他说："天何言哉，四时行焉，百物生焉，天何言哉。"一方面又承认有鬼神，他说："敬鬼神而远之。""祭如在，祭神如神在。""洋洋乎如在其上，如在其左右。"他总舍不得完全去掉旧信仰，舍不得完全去掉传统的宗教态度。但在一般人看来，他仍然是偏向革命党。偏向革命党的苏格拉底不免于死刑，偏向革命党的孔子不免厄于陈蔡，终身栖栖皇皇。这是第一派的调和论。

第二派的调和论是墨子，墨子明白提倡有鬼，有意志的天，非命，完全容纳旧迷信，完全是民间宗教的原形。但究竟旧思想经过动摇，不容易辩护，于是不得不发明辨证的方法，以逻辑为武器。我们看他用逻辑最多的地方，是《明鬼》和《非命》两篇。他提出论辩的三个标准：

（甲）我们曾经耳闻目见否，

（乙）古人说过没有，

（丙）有用没有用。

譬如说有鬼，第一曾经有人看见过鬼，或听见鬼叫的。第二古书载鬼的地方很不少，故古人是相信有鬼的。第三我们相信有鬼，则我们敬爱的人死了，我们尚可得到安慰，而且可以少作坏事。信鬼有利无弊是有用的。因此墨子是当时的正统哲学。

中古时代之整齐统一期分两个步骤，第一步是秦时，李斯别黑白，定一尊。第二步是汉初，宗教迷信统一于长安，秦巫晋巫各代表一个民间宗教，汉武封泰山、禅梁父，一般方士术士都来了，这是道教与古代迷信冲突时期。

带上儒家帽子的墨教出来调和，便是董仲舒所创之新儒教。以天人感应为基本观念，替民间宗教作辩护，可谓古代迷信传说之复活，故中古期的正统哲学是新儒教。

从东汉到北宋，儒释道三教都来了，没有十分冲突。唐时以老子姓李，道教几乎成为国教。到了北宋真宗，崇道教，拜天书，封禅老子庙。道教之盛，达于极点，以至仁宗神宗时代，产生了许多怀疑派。如欧阳修、苏轼、王安石、李觏等，对于思想制度古书都怀疑。对于迷信的道教是一种反动，对于极端个人主义的禅宗是一种调和。于是在古代诸大思想系统中找出儒家，以《五经》为旧经典，《四书》为新经典，《大学》里找出方法论，《中庸》里找出心理学。静坐不是学佛，是求敬，是注意，是为自己的修养。故自北宋以来，正统哲学是理学。理学调和的分子极多，以儒家为根据，容纳道家佛家一部分思想，且兼容古代的宗教。为涵养须用敬之"敬"，完全是宗教的态度。

　　结论：我所以讲这个题目，是要使大家知道，无论以中国历史或西洋历史来看，哲学是新旧思想冲突的结果。而我们研究哲学，是要教哲学当成应付冲突的机关。现在梁漱溟、梁任公、张君劢诸人所提倡的哲学，完全迁就历史的事实，是中古时代八百年所遗留的传统思想、宗教态度，以为这便是东方文明。殊不知西洋中古时代也有与中国同样的情形，注重内心生活，并非中国特有的。所以我们要认清楚哲学是什么，研究哲学的职务在哪里，才能寻出一条大道。这是我们研究哲学的人应有的觉悟。

新生活

——为《新生活》杂志第一期做的

哪样的生活可以叫做新生活呢？

我想来想去，只有一句话。新生活就是有意思的生活。

你听了，必定要问我，有意思的生活又是什么样子的生活呢？

我且先说一两件实在的事情做个样子，你就明白我的意思了。

前天你没有事做，闲得不耐烦了，你跑到街上一个小酒店里，打了四两白干，喝完了，又要四两，再添上四两。喝得大醉了，同张大哥吵了一回嘴，几乎打起架来。后来李四哥来把你拉开，你气忿忿的又要了四两白干，喝得人事不知，幸亏李四哥把你扶回去睡了。昨儿早上，你酒醒了，大嫂子把前天的事告诉你，你懊悔的很，自己埋怨自己："昨儿为什么要喝那么多酒呢？可不是糊涂吗？"

你赶上张大哥家去，作了许多揖，赔了许多不是，自己怪自己糊涂，请张大哥大量包涵。正说时，李四哥也来了，王三哥也来了。他们三缺一，要你陪他们打牌。你坐下来，打了十二圈牌，输了一百多吊钱。你回得家来，大嫂子怪你不该赌博，你又懊悔的很，自己怪自己道："是呵，我为什么要陪他们打牌呢？可不是糊涂吗？"

诸位，像这样子的生活，叫做糊涂生活，糊涂生活便是没有意思的生活。你做完了这种生活，回头一想，"我为什么要这样干呢？"你自己也回不出究竟为什么。

诸位，凡是自己说不出"为什么这样做"的事，都是没有意思的生活。

反过来说，凡是自己说得出"为什么这样做"的事，都可以说是有意思的生活。

生活的"为什么"，就是生活的意思。

人同畜生的分别，就在这个"为什么"上。你到万牲园（北京动物园的旧称）里去看那白熊一天到晚摆来摆去不肯歇，那就是没有意思的生活。我们做了人，应该不要学那些畜生的生活。畜生的生活只是糊涂，只是胡混，只是不晓得自己为什么如此做。一个人做的事应该件件事回得出一个"为什么"。

我为什么要干这个？为什么不干那个？回答得出，方才可算是一个人的生活。

我们希望中国人都能做这种有意思的新生活。其实这种新生活并不十分难，只消时时刻刻问自己为什么这样做，为什么不那样做，就可以渐渐的做到我们所说的新生活了。

诸位，千万不要说"为什么"这三个字是很容易的小事。你打今天起，每做一件事，便问一个为什么，——为什么不把辫子剪了？为什么不把大姑娘的小脚放了？为什么大嫂子脸上搽那么多的脂粉？为什么出棺材要那么多叫化子？为什么娶媳妇也要用那么多叫化子？为什么骂人要骂他的爹妈？为什么这个？为什么那个？——你试办一两天，你就会晓得这三个字的趣味真是无穷无尽，这三个字的功用也无穷无尽。

诸位，我们恭恭敬敬地请你们来试试这种新生活。

中国公学十八级毕业赠言

诸位毕业同学：你们现在要离开母校了，我没有什么礼物送给你们，只好送你们一句话罢。

这一句话是："不要抛弃学问。"以前的功课也许有一大部分是为了这张毕业文凭，不得已而做的，从今以后，你们可以依自己的心愿去自由研究了。趁现在年富力强的时候，努力做一种专门学问。少年是一去不复返的，等到精力衰时，要做学问也来不及了。即为吃饭计，学问决不会辜负人的。吃饭而不求学问，三年五年之后，你们都要被后进少年淘汰掉的。到那时候再想做点学问来补救，恐怕已太晚了。

有人说："出去做事之后，生活问题急须解决，哪有工夫去读书？即使要做学问，既没有图书馆，又没有实验室，哪能做学问？"

我要对你们说：凡是要等到有了图书馆方才读书的，有了图书馆也不肯读书。凡是要等到有了实验室方才做研究的，有了实验室也不肯做研究。你有了决心要研究一个问题，自然会撙衣节食去买书，自然会想出法子来设置仪器。

至于时间，更不成问题。达尔文一生多病，不能多作工，每天只能做一点钟的工作。你们看他的成绩！每天花一点钟看十页有用的书，每年可看三千六百多页书；三十年可读十一万页书。

诸位，十一万页书可以使你成为一个学者了。可是，每天看三种小报也得费你一点钟的工夫；四圈马将也得费你一点半钟的光阴。看小报呢？还是打马将呢？还是努力做一个学者呢？全靠你们自己的选择！

易卜生说："你的最大责任是把你这块材料铸造成器。"

学问便是铸器的工具。抛弃了学问便是毁了你们自己。

再会了！你们的母校眼睁睁地要看你们十年之后成什么器。

北大哲学系毕业生纪念赠言

一个大学里，哲学系应该是最不时髦的一系，人数应该最少。但北大的哲学系向来有不少的学生，这是我常常诧异的事。我常常想，这许多哲学学生，毕业之后，应该做些什么事？能够做些什么事？

现在你们都要毕业了。你们自然也都在想："我们应该做些什么？我们能够做些什么？"

依我的愚见，一个哲学系的目的应该不是教你们死读哲学书，也不是教你们接受某派某人的哲学。

禅宗有个和尚曾说："达摩东来，只是要寻一个不受人惑的人。"我想借用这句话来说："哲学教授的目的也只是要造出几个不受人惑的人。"

你们应该做些什么？你们应该努力做个不受人惑的人。

你们能够做个不受人惑的人吗？这个全凭自己的努力。

如果你们不敢十分自信，我这里有一件小小法宝，送给你们带去做一件防身工具。这件小法宝只是四个字："拿证据来！"

这里还有一只小小锦囊，装着这件小法宝的用法："没有证据，只可悬而不断；证据不够，只可假设，不可武断；必须等到证实之后，方才可以算做定论。"

必须自己能够不受人惑，方才可以希望指引别人不受人惑。

朋友们，大家珍重！

在美国普渡大学毕业典礼上的讲演

一

在这个值得纪念的仪式完毕之后，你们就被列入少数特权分子之列——大学毕业生。今天并不是标示着人生一段时期的结束或完毕，而是一个新生活的开始，一个真正生活和真正充满责任的开端。

人家对你们作为大学毕业生的，总期望会与平常人有所不同，和大多数没有念过大学的人有所不同。他们预料你们言行会有怪异之处。

你们有些人或许不喜欢人家把你们目为与众不同、言行怪异的人。你们或许想要和群众混在一起，不分彼此。

让我们向你们保证，要回到群众中间，使人不分彼此，是一件容易做到的事。假如你们有这个愿望，你们随时都可以做到，你们随时都可以成为一个"好同伴"，一个"易于相处的人"，——而人们，包括你们自己，马上就会忘记你们曾经念过大学这回事。

虽然大学教育当然不该把我们造成为"势利之徒"和"古怪的人"，可是我们大学毕业生一直保留一点儿与众不同的标志，却也不是一件坏事。这一点儿与众不同的标志，我相信，是任何学术机构的教育家所最希望造成的。

　　大学男女学生与众不同的这个标志是什么呢？多数教育家都很可能会同意的说，那是一个多少受过训练的脑筋，——一个多少有规律的思想方式——这会使得，也应当使得，受大学教育的人显出有些与众不同的地方。

　　一个头脑受过训练的人在看一件事是用批判和客观的态度，而且也用适当的智识学问为凭依。他不容许偏见和个人的利益来影响他的判断，和左右他的观点。他一直都是好奇的，但是他绝对不会轻易相信人。他并不仓卒的下结论，也不轻易的附和他人的意见，他宁愿耽搁一段时间，一直等到他有充分的时间来查考事实和证据后，才下结论。

　　总而言之，一个受过训练的头脑，就是对于易陷入于偏见、武断和盲目接受传统与权威的陷阱，存有戒心和疑惧。同时，一个受过训练的脑筋绝不是消极或是毁灭性的。他怀疑人并不是喜欢怀疑的缘故，也并不是认为"所有的话都有可疑之处，所有的判断都有虚假之处"。他之所以怀疑是为了想确切相信一件事。为了要根据更坚固的证据和更健全的推理为基础，来建立或重新建立信仰。

　　你们四年的研究和实验工作一定教过你们独立思考、客观判断、有系统地推理，和根据证据来相信某一件事的习惯。这些就是，也应当是，标示一个人是大学生的标志。就是这些特征才使你们显得"与众不同"和"怪异"，而这些特征可能会使你们不乎众望和不受欢迎，甚至为你们社会里大多数人所畏避和摒弃。

　　可是，这些有点令人烦恼的特点却是你们母校于你们居留在此时间中，所教导你们而为此最感觉自豪的事。这些求知习惯的训练，如果我没有判断错误的话，也就是你们在大学里有责任予以培养起来的，回家时从这个校园里所带走的，并且在你们整个一生和在你们一切各种活动中，所继续不断的实行和发展的。

　　伟大的英国科学家，同时也是哲学家的赫胥黎（Thomas. H. Huxley）曾说过："一个人一生中最神圣的行为就是口里讲，内心深感觉到这句话：'我相信某件事是实在的。'紧附在那个行为上的是人生存在世上一切最大的报酬和一切最严重的责罚。"要成功的完成这一个"最神圣的行为"，那应用在判断、思考，和信仰上的思想训练和规律是必要的。

所以在这一个值得纪念的日子，你们必须问自己的第一个问题就是：我是否获得所期望于为一个受大学教育的我所该有的充分智识训练吗？我的头脑是否有充分的装备和准备来做赫胥黎所说的"一个人一生中最神圣的行为"？

二

我们必须要体会到"一个人一生中最神圣的行为"也同时是我们日常所需做的行为。另一个英国哲学家密尔（John Stuart Mill）曾说过："各个人每天每时每刻都需要确切证实他所没有直接观察过的事情……法官、军事指挥官、航海人员、医师、农场经营者（我们还可以加上一般的公民和选民）的事，也不过是将证据加以判断，并按照判断采取行动……就根据他们做法（思考和推论）的优劣，就可决定他们是否尽其分内的职责。这是头脑所不停从事的职责。"

由于人人每日每时都需要思考，所以人在思考时，极容易流于疏忽，漠不关心，和习惯性的态度。大学教育毕竟难以教给我们一整套精通与永久适用的求知习惯，原因是其所需的时间远超过大学的四年。大学毕业生离开了他的实验室和图书馆，往往感觉到他已经工作得太劳累，思考得太辛苦，毕业后应当享受到一种可以不必求知识的假期。他可能太忙或者太懒，而无法把他在大学里刚学到而还没有精通的智识训练继续下去。他可能不喜欢标榜自己为受过大学教育"好炫耀博学的人"。他可能发现讲幼稚的话与随和大众的反应是一种调剂，甚至是一种愉快的事。无论如何，大学毕业生离开大学之后，最普遍的危险就是溜回到怠惰和懒散方式的思考和信仰。

所以大学生离开学校后，最困难的问题就是如何继续培养精稔实验室研究的思考态度和技术，以便将这种思考的态度和技术扩展到他日常思想、生活和各种活动上去。

天下没有一个普遍适用以提防这种懒病复发的公式。但是我们仍然想献给列位一个简单的妙计，这个妙计对我自己和对我的学生和朋友都很实用。

我所想要建议的是各个大学毕业生都应当有一个或两个或更多足以引起兴趣和好奇心的疑难问题，借以激起他的注意、研究、探讨，或实验的心思。你们大家都知道的，一切科学的成就都是由于一个疑难的问题碰巧激起某一个观察者的好奇心和想象力所促成的。有人说没装备良好的图书馆和实验室是无法延续求知的兴趣。这句话是不确实的。请问阿基米德、伽利略、牛顿、法拉第，或者甚至达尔文或巴斯德究竟有什么实验室或图书馆的装备呢？一个大学毕业生所需要的仅是一些会激起他的好奇心，引起他的求知欲和挑激他的想法求解决的有趣的难题。那种挑激引发的性质就足够引致他搜集资料、触类旁通、设计工具，和建立简单而适用的试验和实验室。一个人对于一些引人好奇的难题不发生兴趣的话，就是处在设备良好的实验室和博物馆中，智识上也不会有任何发展。

四年的大学教育所给于我们的，毕业只不过是已经研究出来和尚未研究出来的学问浩翰范围的一瞥而已。不管我们主修的是哪一个科目，我们都不应当有自满的感觉，以为在我们专门科目范围内，已经没有不解决的问题存在。凡是离开母校大门而没有带一两个智识上的难题回家去，和一两个在他清醒时一直缠绕着他的问题，这个人的智识生活可以说是已经寿终正寝了。

这是我给你们的劝告：在这一个值得纪念的日子里，你们该花费几分钟，为你们自己列一个智识的清单，假如没有一两个值得你们下决心解决的智识难题，就不轻易步入这个大世界。你们不能带走你们的教授，也不能带走学校的图书馆和实验室。可是你们带走几个难题。这些难题时刻都会使你们智识上的自满和怠惰下来的心受到困扰。除非你们向这些难题进攻，并加以解决，否则你们就一直不得安宁。那时候，你们看吧，在处理和解决这些小难题的时候，你们不但使你们思考和研究的技术逐渐纯熟和精稔，而且同时开拓出智识的新地平线并达到科学的新高峰。

三

这种一直有一些激起好奇心和兴趣疑难问题来刺激你们的小妙计有许多功用。这个妙计可使你们一生中对研究学问的兴趣永存不灭，可开展你们新嗜好的兴趣，把你们日常生活提高到超过惯性和苦闷的水准之上。常常在沉静的夜里，你们突然成功的解决了一个讨厌的难题而很希望叫醒你们的家人，对他们叫喊着说："我找到了，我找到了！"那时候给你们的是智识上的狂喜和很大的乐趣。

但是这种自找问题和解决问题方式最重要的用处，是在于用来训练我们的能力，磨练我们的智慧，而因此使我们能精稔实验与研究的方法和技术。对思考技术的精稔可能引使你们达到创造性的智识高峰，但是也同时会渐渐的普遍应用在你们整个生活上，并且使你们在处理日常活动时，成为比较懂得判断的人，会使你们成为更好的公民，更聪明的选民，更有智识的报纸读者，成为对于目前国家大事或国际大事一个更为胜任的评论者。

这个训练对于为一个民主国家里公民和选民的你们是特别重要的。你们所生活的时代是一个充满了惊心动魄事件的时代，一个势要毁灭你们政府和文化根基的战争时代。而从各方面拥集到你们身上的是强有力不让人批驳的思想形态，巧妙的宣传，以及随意歪曲的历史。希望你们在这个要把人弄得团团转的旋风世界中，要建立起你们的判断力，要下自己的决定，投你们的票，和尽你们的本分。

有人会警告你们要特别提高警觉，以提防邪恶宣传的侵袭。可是你们要怎样做才能防御宣传的侵入呢？因为那些警告你们的人本身往往就是职业的宣传员，只不过他们罐头上所用的是不同的商标，但这些罐头里照样是陈旧的和不准批驳的东西！

例如，有人告诉你们，上次世界大战所有一切唯心论的标语，像"为世界民主政治的安全而战"和"以战争来消弭战争"，这些话，都是想讨人欢喜的空谈和烟幕而已。但是揭露这件事的人也就是宣传者，他要我们全体都相信美国之参加上次世界大战是那些"担心美元英镑贬值"放高利贷者和发战争财者所促成的。

再看另一个例子。你们是在一个信仰所培养之下长大起来的。这些信仰就是相信你们的政府形式，属于人民的政府，尊敬个人的自由，特别是相信那保护思想、信仰、表达，和出版等自由的政府形式是人类最伟大的成就之一。但是我们这一代的新先知们却告诉你们说，民主的代议政府仅是资本主义制度下的一个必然的副产品，这个制度并没有实质的优点，也没有永恒的价值；他们又说个人的自由并不一定是人们所希求的；为了集体的福利和权力的利益起见，个人的自由应当视为次要的，甚至应当加以抑压下去的。

这些和许多其他相反的论调到处都可以看到，听到，都想要迷惑你们的思想，麻木你们的行动。你们需要怎么样准备自己来对付一切所有这些相反的论调呢？当然不会是紧闭着眼睛不看，掩盖着耳朵不听吧，当然也不会躲在良好的古老传统信仰的后面求庇护吧，因为受攻击和挑衅的就是古老的传统本身。当然也不会是诚心诚意的接受这种陈腔烂调和不准批驳的思想和信仰的体系，因为这样一个教条式的思想体系可能使你们丢失了很多的独立思想，会束缚和奴役你们的思想，以致从此之后，你们在智识上说，仅是机械一个而已。

你们可能希望能保持精神上的平衡和宁静，能够运用你们自己的判断，唯一的方法就是训练你们的思想，精稔自由沉静思考的技术。使我们更充分了解智识训练的价值和功效的就是在这智识困惑和混乱的时代。这个训练会使我们能够找到真理——使我们获得自由的真理。

关于这种训练与技术，并没有什么神秘的地方。那就是你们在实验室里所学到的，也就是你们最优秀的教师终生所从事，而在你们研究论文上所教你们的方法，那就是研究和实验的科学方法。也就是你们要学习应用于解决我所劝你们时刻要找一两个疑难问题所用的同样方法。这个方法，如果训练得纯熟精通，会使我们能在思考我们每天必须面对有关社会、经济，和政治各项问题时，会更清楚，会更胜任的。

以其要素言，这个科学技术包括非常专心注意于各种建议、思想和理论，以及后果的控制和试验。一切思考是以考虑一个困惑的问题或情况开始的。所有一切能够解决这个困惑问题的假设都是受欢迎的。但是各个假设的论点却必须以在采用后可能产生的后果来作为适用与否的试验，凡是其后果最能满意克服原先困惑所在的假设，就可接受为最好和最真实的解决方法。这是一切自然、历史，和社会科学的思考要素。

人类最大的谬误，就是以为社会和政治问题简单得很，所以根本不需要科学方法的严格训练，而只要根据实际经验就可以判断，就可以解决。

但是事实却是刚刚相反的。社会与政治问题是关联着千千万万人命和福利的问题。就是由于这些极具复杂性和重要性的问题是十分困难的，所以使得这些问题到今日还没有办法以准确的定量衡量方法和试验与实验的精确方法来计量。甚至以最审慎的态度和用严格的方法无法保证绝无错误。但是这些困难却省免不了我们用尽一切审慎和批判的洞察力来处理这些庞大的社会和政治问题的必要。

两千五百年前某诸侯问孔子说："一言而可以兴邦，……一言而丧邦有诸？"

想到社会与政治的问题，总会提醒我们关于向孔子请教的这两个问题，因为对社会与政治的思考必然会连带想起和计划整个国家，整个社会，或者整个世界的事。所以一切社会与政治理论在用以处理一个情况时，如果粗心大意或固守教条，严重的说来，可能有时候会促成预料不到的混乱、退步、战争，和毁灭，有时就真的是一言兴邦，一言丧邦。

刚就在前天，希特勒对他的军队发出一个命令，其中说到一句话：他要决定他的国家和人民未来一千年的命运！

但希特勒先生一个人是无法以个人的思想来决定千千万万人的生死问题。你们在这里所有的人需要考虑你们即将来临的本地与全国选举中有所选择，所有的人需要对和战问题表达意见，并不决定。是的，你们也会考虑到一个情况，你们在这个情况中的思考是正确，是错误，就会影响千千万万人的福利，也可能直接或间接的决定未来一千年世界与其文化的命运！

所以为少数特权阶级的我们大学男女，严肃的和胜任的把自己准备好，以便像在今日的这个时代，这个世界，每日从事思考和判断，把我们自己训练好，以便作有责任心的思考，乃是我们神圣的任务。

有责任心的思考至少含着三个主要的要求：第一，把我们的事实加以证明，把证据加以考查；第二，如有差错，谦虚的承认错误，慎防偏见和武断；第三，愿意尽量彻底获致一切会随着我们观点和理论而来的可能后果，并且道德上对这些后果负责任。

怠惰的思考，容许个人和党团的因素不知不觉的影响我们的思考，接受陈腐和不加分析的思想为思考之前提，或者未能努力以获致可能后果，来试验一个人的思想是否正确等等就是智识上不负责任的表现。

你们是否充分准备来做这件在你们一生中最神圣的行动——有责任心的思考？

人生有何意义

一、答某君书

……我细读来书，终觉得你不免作茧自缚。你自己去寻出一个本不成问题的问题，"人生有何意义？"其实这个问题是容易解答的。人生的意义全是各人自己寻出来，造出来的：高尚，卑劣，清贵，汗浊，有用，无用，……全靠自己的作为。生命本身不过是一件生物学的事实，有什么意义可说？生一个人与一只猫，一只狗，有什么分别？人生的意义不在于何以有生，而在自己怎样生活。你若情愿把这六尺之躯葬送在白昼作梦之上，那就是你这一生的意义。你若发愤振作起来，决心去寻求生命的意义，去创造自己的生命的意义，那么，你活一日便有一日的意义，作一事便添一事的意义，生命无穷，生命的意义也无穷了。

总之，生命本没有意义，你要能给他什么意义，他就有什么意义。与其终日冥想人生有何意义，不如试用此生作点有意义的事。……

二、为人写扇子的话

知世如梦无所求，无所求心普空寂。

还似梦中随梦境，成就河沙梦功德。

　　王荆公小诗一首，真是有得于佛法的话。认得人生如梦，故无所求。但无所求不是无为。人生固然不过一梦，但一生只有这一场做梦的机会，岂可不努力做一个轰轰烈烈像个样子的梦？岂可糊糊涂涂懵懵懂懂混过这几十年吗？

打破浪漫病

　　刚才主席说"材料不很重要，重要的在方法"，这话是很对的。有方法与无方法，自然不同。比如说，电灯坏了若有方法就可以把它修理好。材料一样的，然而方法异样的，所得结果便完全不同了。我今天要说的，就是材料很重要，方法不甚重要。用同等的方法，用在两种异样的材料上，所得结果便完全不同了。所以说材料是很要紧的。中国自西历1600至1900年当中，可谓是中国"科学时期"，亦可说是科学的治学时代。如清朝的戴东原先生在音韵学、校勘学上，都有严整的方法。西洋人不能不承认这三百年是中国的"科学时代"。我们自然科学虽没有怎样高明，但方法很好，这是我们可以自己得意的。闽人陈第曾著《毛诗古音考》《唐宋古音考》等些书。他的方法很精密的，是顾炎武的老祖宗。顾亭林、阎百诗等些学者都开中国学术新纪元，他们是用科学方法探究学问的，顾氏是以科学方法研究音韵学，他的方法是用本证与旁证。比如研究《诗经》，从《诗经》本身来举证，是谓本证；若是从《诗经》的外面举证便谓旁证了。阎氏的科学方法是研究古文的真伪，文章的来源。

　　1609年的哥白尼听说在波兰国的北部一个眼镜店做小伙计，一天偶然叠上几片玻璃而发现在远方的东西，哥白尼以为望远镜是可以做到的。他利用这仪器，他对于天文学上就有很大的发现。像哈代维（Hudvey）、牛顿（Newton），还有显微镜发明者像黎汶豪（Leeuwenhoek）（今译列文虎克），他们都有很大的发明。当哥白尼及诸大学者存在的时候，正是中国的顾炎武、阎百诗出世的时期。在这五六十年当中，东西文化，东西学说的歧异就在这里。他们所谓方法就是"假说"与"求证"，牛顿就是大胆去假定，然后一步一步去证明。这是和我们不同地方。我们的方法是科学的，然而材料是书本文字。我们的校勘学是校勘古书古字的正确的方法，如翻考《尔雅》、诸子百家；考据学是考据古文的真伪。这一大堆东西可以代表清朝三百年的成绩。黎汶豪是以凿钻等做研究的工具；牛顿是以木、石、自然资料来研究天文学，像现在已经把太阳系都弄清楚了。前几天报上宣传英国天文台要与火星通讯，像这样的造就实在可怕的。十八、十九世纪时候，西方学者才开始研究校勘学，瑞典的加礼文他专攻校勘学，曾经编成《中国文字分析字典》。像他这个洋鬼子不过研究四五年，而竟达到中国有三百年历史的校勘学成绩。加礼文说道："你们只在文字方面做工夫，不肯到汉口、广东、高丽、日本等地方实际考查文字的土音以为证明；要找出各种的读法应当要到北京、宁波等地去。"这可证明探求学问方法完全是经验的，要实地调查的。顾亭林费许多时间而所得到的很少，而结果走错了路。

刚才杨教务长问我怎样医治"浪漫病"？我回答他说：浪漫的病症在哪里？我以为浪漫病或者就是"懒病"。你们都是青年，都还不到壮年时期，而我们已是"老狗教不成新把戏"了。现在我们无论走哪条路，都是要研究微积分、生物学、天文学、物理学。我们要多做些实验工夫，要跟着西洋人走进实验室去。至于考据方面，就要让我们老朽昏庸的人去做。黎汶豪的显微镜实在比妖怪还厉害，这是用无穷时间与时时刻刻找真理所得的结果。十九世纪时候，法国化学师柏士多（Pasteur）（今译巴斯德）在显微镜下面发现很可怕的微生物。他并且感受疯狗的厉害，便研究疯狗起来。后来从狗嘴的涎沫里及脑髓中去探究，方知道是细菌在作祟，神经系中有毒。他把狗骨髓取出风干经过十三四天之久，就把它制成注射药水，可以治好给疯狗咬着的人。但是当时没有胆量就注射在人身上，只先在别的动物身上试验看看。在那时候很凑巧一位老太婆的儿子给狗咬伤，去请医生以活马当作死马医治，果然给他治好了。还有一位俄人，他给狼咬着，就发明打针方法。法国酒的病，蚕的病亦给显微镜找出来了；欧洲羊的病，德国库舒（Koch）（**今译科赫**）应用药水力量把羊医好。像蚕病、醋病与酒病治好后，实在每年给法国省下来几千万的法郎。普法战争后法国赔款有五十万万之巨额。然而英国哈维（Harvey）尝说：柏士多以一支玻璃管和一具显微镜，已把法国赔款都付清了。懒的人实在没有懂得学问的兴趣。学问本来是干燥东西，而正确方法是建筑在正确材料上的，像西方的牛顿那样的正确。我们中国要研究有结果，最要紧的是要到自然界去，找自然材料。做文学的更要到民间去，到家庭里去找活材料。我是喜欢谈谈：大家都是年富力强，应该要打破和消灭懒病。还要连带说一说"六〇六"药水，是德国医生Erlich发明的，用以杀杨梅疮的微菌，这位先生他用化学方法，经过八年六百零六次的试验研求而成功的。我们研究学问，要有材料和方法，要不懒，要坚决不拔的努力；那么，"浪漫病"就可以打破了。

假使我们做了今日的国务总理

记者：

你们在《努力》上曾责备颜惠庆、王宠惠不应该"没有计划的上台，没有计划的下台"。但是不但王宠惠至今没有计划，你们也不曾提出什么计划。难道你们有了那篇四个月前的《政治主张》就算完事了吗？

我有点忍不住了。今天拟了一个假定的计划，是专为目前的时局做的。一个人的理想自然是不会周到的。但你们曾说过，"一个平庸的计画（划），胜于没计画"。也许我这一个笨拙的发起，可以引出许多更好的，更高明的"大政方针"来呢。

解决目前时局的计画

（一）政治的

大家都说，目前第一件要事是财政。其实那是错的。政治不能解决，财政决不能解决；你要办新税，各省不睬你；你要大借款，大家要反对；你要节省政费，裁了一千个冗员，还禁不起山海关附近的一炮！所以我主张先从政治方面下手。我的计画是：

（1）由北京政府速即召集一个各省会议。

（甲）名称。如政府不受"联省会议"之名，尽可叫他做"全国会

183

议"，或"统一会议"。

（乙）组织。每省派会员四人（省议会举一人，省教育会与省商会各举一人，省政府派一人）。中央政府派三人。国会举三人。主席得由政府任命（以免纷争）。

（丙）地点。我主张在北京，因为北京虽在北京政府势力之下，然而比上海确实自由多了，文明多了。

（丁）权限。这个会议得讨论并议决关于下列各项：

a. 裁兵与军队的安插。

b. 财政。

c. 国宪制定后统一事宜。

d. 省自治的进行计划。

e. 交通事业的发展计划。

这五项问题，没有一项和国会的权限冲突的，国会不应该吃醋，政府也不应该因怕国会吃醋而不敢举行。况且此次政府召集的财政会议，岂不也是一种各省会议吗？既可以召集财政会议，何以不可以召集各省会议？况且我可以断定那单讨论财政的会议是无效的。

（2）由北京政府公开的调解奉直私斗，消除那逼人而来的大战祸（对于这一件事，全国赞成弭兵的人也应该加入）。

我这个提议，初看了似乎未免带孩子气，但是我这话是板起面孔来说的正经话。本年四五月间的奉直战争固然是胜败太不彻底；但我们试问，奉直若再开战，就能打出一个彻底的结果了吗？况且人民有什么罪过，必须忍受这一回一回的战祸吗？即使一时打不起来，而两方拼命的预备作战，搜括一切款项，作为军费，那么浩大的军费也是人民不能长久负担的。况且前次直奉战争所以结束的快。大都是因为张作霖大举入关，故一败涂地；现在奉军若取守势，战祸便不知何日终了了。假使战事延长至两三个月，——这是很稳健的计算，北中国的什么事业（教育，矿业，工商，等）都不能不根本毁坏了。所以我们无论怎样推想，都回到一个同样的结论：直奉的私斗决不可不消除。

如果王宠惠们只愿做大官，只愿做一个"无抵抗力的内阁"（这是前某报的妙语），那也罢了。如果他们还想做像个样子的政治家，他们应该用公开的条件来调解消除直奉的私斗。我主张的条件是：

（甲）双方减缩军备，克期同时裁兵。

（乙）东三省取消独立，交还盐税及车辆。直系各省也不得提取铁路收入。

（丙）任曹、张、吴三人为北方裁兵专使。

（丁）北方各省实行废督，废巡阅使。

（戊）其他事项，由上述之各省会议解决之。

我也知道这件事决不是王宠惠们干得了的。但是我们既谈大政方针，就不能不列这一条了。我很希望国民注重此事，养成舆论，作一个实际上弭兵的大运动！就是王宠惠们干不了，这件事总得有人干的。

（二）财政的

财政的计划，说的最详细的是《努力》第八第九两期RT的《中国财政的出路》。他说财政的"根本整顿方法"分两项：

第一，划分中央财政和地方财政的界限。

第二，力行裁兵减政。

第一条是要靠国宪和各省会议的。此时空谈"划分财政"，是没有用的。纸上的划分是早已有过的了。故单有国宪的规定，还是不够的；各省会议的一关是逃不过的。第二条的裁兵一项也必须等各省会议和奉直和议两事举行之后，方才可有把握。此时中央能行的只有减政一项。六七月间的减政计划，近来似乎又渐渐停顿了。大概欠薪太多是不能减政一个大原因。然而欠薪不能还而冗员又不能减，天天债台高上去，也终不成事体。如有相当时机，应该把陆军、海军、参谋三部并作一部，设一个总长，两个次长，名为"军事部"。国宪制定之后，教育权既归地方，教育部也可废去，改为内务部的一司，此类的例甚多，一时不必细举了。

RT君说的"目前过渡方法"，也有两项：

第一，规定中央军政费之最大限度为每月五百五十万元。

第二，整理各项长短期内外债及垫款（包括欠薪），总数约四万万元。

他指出交通收入，盐余一部分。崇文关税，山西解款，四项每月不过三百万元。所以他主张等到适当的时期，举行大借款四万万元，以三万万四千万抵债，以三千万为一年军政费的补助，其余即作为裁兵基金。利息为六厘，担保为海关增率税。

他这两个过渡方法，其实只是大借款的一个法子。前天报上登出芮恩施在顾维钧茶会席上发表的财政演说，似乎可以表示政府确也有大借款的希望，但芮恩施的一篇浅薄的演说是没有用处的。外款非不可借，但现在政治未统一之前，大借款是决不能成立的。即使如芮氏说的，外国资本家肯借款，中国的国民未必肯承认这笔借款。借款给军阀政客去分赃，是决通不过的。

所以我主张现在救急的财政办法是：

（1）从速解决政治的纠纷。先从上文说的两事下手……召集各省会议，消除直奉的战祸。

总计中央名义上的收入，应有

田赋	八千余万元
厘金及杂捐	四千余万元
关余	一千万元（依十一年度预测）
盐税	八千万元
杂税	五百万元
烟酒税	四千万元
印花税	六百万元
矿税	八十万元
中央机关收入	一百万元
官产收入	一千万元
总计	二万九千万元

假如各省都像山西那样忠顺（山西省每年解中央二百余万元），中央的财

政问题早已解决大半了。现在中央的势力不能放一个湖北省长或山东省长，还有人希望用财政会议来解决财政问题，岂不是做梦吗？即如盐税一项，别说那四川的一千万元，东三省近在咫尺，现在也扣留盐税了。这岂是一个财政会议就能解决的吗？所以我主张第一步是政治纠纷的解决。

（2）为目前计，宜从速宣布财政的收支实况，约如下各项：

（甲）收入尚有几项？

关余，

盐余，

省解款，

崇文关税。

中央机关收入：交通，农商，司法等。

（乙）负债实数：

a. 欠饷详数。

b. 临时军费。

c. 每月必需军饷总数。

d. 每月必需行政费（包括教育）。

e. 各机关欠薪实数（包括国会）。

f. 京师军警费。

g. 京师军警积欠。

h. 内外债到期应付利息。

i. 内外债到期应付本。

（丙）现在每月支出实数。

a. 究竟各军发饷若干？

b. 各机关发薪详报。

c. 各种内外债基金已拨付若干？

d. 其它实支。

（丁）收支比较，总亏若干？

这种公布是不可少的。政府现在想用一纸"依法惩办"的命令来禁止索薪的举动，那是自欺欺人的政策。即使你能禁索薪团的包围，你还不能禁各机关的罢工，更不能禁军队的闹饷。只有开诚布公的把财政的状况宣布出来，大家也许还可原谅政府一点。

况且政府为什么总不肯公布财政的实况呢？岂不是因为军费太多，怕人不平吗？其实当此变态的时代，军费之多自是大家意中之事，又何必瞒人呢？况且政府越秘密，大家越猜疑，所以越不能心平，所以倒不如一切公开的好。

况且国民若不知道财政的实况，政府虽有救济的计划，也不能得大家的赞助。假如政府此时下令回到民国元年各机关人员一律支薪六十元的办法，大家能不要求先查账吗？假如政府此时大借外债，大家能不要求先报告用途吗？所以我们可以说：没有公布，什么财政计划都行不去。

（3）公布财政实况之后，应通盘筹算，做一个目前救急的小计划。这个计划应分两个部分：

（甲）分还积欠。发给债券，按月摊还。

（乙）均平现状。无论交通财政，应与其他机关一律均平待遇。或发半薪，或竟回复元年每人六十元的办法。

这个计划应包括维持北京地方治安的方法。北京举行地税，专供地方之用，是应该办的。况且北京警察制度较完备。征收新税也不致有什么大困难。（北京中小学的经费也须由中央筹给，而北京市民不负一文钱的学校税，岂非怪事？）

（4）大借款如不可免，此时也只宜做计划，研究用途的分配，条件的磋商，而不能骤然实行，这时候若贸然做大借款，决没有不失败的！

以上计政治方面二条，财政方面四条，是我试做的对于目前时局的计划。此外尚有蒙古问题与承认俄国的问题。铁路问题与新银行团的问题，因不愿占《努力》太多的篇幅，此时只好不谈了。最后我要重引《努力》的话作结论："一个平庸的计画，胜于没计画！"

我们的政治主张

我们为供给大家一个讨论的底子起见，先提出我们对于中国政治的主张，要求大家的批评，讨论，或赞助。

（一）政治改革的目标。我们以为现在不谈政治则已，若谈政治，应该有一个切实的，明了的，人人都能了解的目标。我们以为国内的优秀分子，无论他们理想中的政治组织是什么，（全民政治主义也罢，基尔特社会主义也罢，无政府主义也罢）现在都应该平心降格的公认"好政府"一个目标，作为现在改革中国政治的最低限度的要求。我们应该同心协力的拿这共同目标来向国中的恶势力作战。

（二）"好政府"的至少涵义。我们所谓"好政府"，在消极的方面是要有正当的机关可以监督防止一切营私舞弊的不法官吏。在积极的方面是两点：

（1）充分运用政治的机关为社会全体谋充分的福利。

（2）充分容纳个人的自由，爱护个性的发展。

（三）政治改革的三个基本原则。我们对于今后政治的改革，有三个基本的要求：

第一，我们要求一个"宪政的政府"，因为这是使政治上轨道的第一步。

第二，我们要求一个"公开的政府"，包括财政的公开与公开考试式的用人等等，因为我们深信"公开"（Publicity）是打破一切黑幕的唯一武器。

第三，我们要求一种"有计画的政治"，因为我们深信中国的大病在于无计画的飘泊，因为我们深信计画是效率的源头，因为我们深信一个平庸的计画胜于无计画的瞎摸索。

（四）政治改革的唯一下手工夫。我们深信中国所以败坏到这步田地，虽然有种种原因，但"好人自命清高"确是一个重要的原因。"好人笼着手，恶人背着走。"因此，我们深信，今日政治改革的第一步在于好人须要有奋斗的精神。凡是社会上的优秀分子，应该为自卫计，为社会国家计，出来和恶势力奋斗。我们应该回想，民国初元的新气象岂不是因为国中优秀分子加入政治运动的效果吗？当时的旧官僚很多跑到青岛、天津、上海去拿出钱来做生意，不想出来做官了。听说那时的曹汝霖，每天在家关起门来研究宪法！后来好人渐渐的厌倦政治了，跑的跑了，退隐的退隐了；于是曹汝霖丢下他的宪法书本，开门出来了；于是青岛、天津、上海的旧官僚也就一个一个的跑回来做参政咨议总长次长了。民国五六年以来，好人袖手看着中国分裂，看着讨伐西南，看着安福部的成立与猖獗，看着蒙古的失掉，看着山东的卖掉，看着军阀的横行，看着国家破产丢脸到这步田地！——够了！罪魁祸首的好人现在可以起来了！做好人是不够的，须要做奋斗的好人；消极的舆论是不够的，须要有决战的舆论。这是政治改革的第一步下手工夫。

（五）我们对于现在的政治问题的意见。我们既已表示我们的几项普通的主张了，现在我们提出我们的具体主张，供大家讨论。

第一，我们深信南北问题若不解决，一切裁兵，国会，宪法，财政等等问题，都无从下手。但我们不承认南北的统一是可以用武力做到的。我们主张，由南北两方早日开始正式议和。一切暗地的勾结，都不是我们国民应该承认的。我们要求一种公开的，可以代表民意的南北和会。暗中的勾结与排挤是可耻的，对于同胞讲和并不是可耻的。

第二，我们深信南北没有不可和解的问题。但像前三年的分赃和会是我们不能承认的。我们应该预备一种决战的舆论做这个和会的监督。我们对于议和的条件，也有几个要求：

（1）南北协商召集民国六年解散的国会，因为这是解决国会问题的最简易的方法。

（2）和会应责成国会克期完成宪法。

（3）和会应协商一个裁兵的办法，议定后双方限期实行。

（4）和会一切会议都应该公开。

第三，我们对于裁兵问题，提出下列的主张：

（1）规定分期裁去的兵队，克期实行。

（2）裁废虚额，缺额不准补。

（3）绝对的不准招募新兵。

（4）筹划裁撤之兵的安置办法。

第四，我们主张裁兵之外，还应该有一个"裁官"的办法。我们深信现在官吏实在太多了，国民担负不起，我们主张：

（1）严定中央与各省的官制，严定各机关的员数。如中央各部，大部若干人（如交通部），中部若干人（如农商部），小部若干人（如教育部）。

（2）废止一切咨议顾问等等"干薪"的官吏。各机关各省的外国顾问，除极少数必需的专家之外，一律裁撤。

（3）参酌外国的"文官考试法"，规定"考试任官"与"非考试任官"的范围与升级办法。凡属于"考试任官"的，非经考试，不得委任。

第五，我们主张现在的选举制度有急行改良的必要。我们主张：

（1）废止现行的复选制，采用直接选举制。

（2）严定选举舞弊的法律，应参考西洋各国的选举舞弊法（Corrupt Practice Laws），详定细目，明定科罚，切实执行。

（3）大大的减少国会与省议会的议员额数。

第六，我们对于财政的问题，先提出两个简单的主张：

（1）彻底的会计公开。

（2）根据国家的收人，统筹国家的支出。

以上是我们对于中国政治的几个主张。我们很诚恳的提出，很诚恳的请求全国的人的考虑，批评，或赞助与宣传。

提议人	职业
蔡元培	国立北京大学校长
王宠惠	国立北京大学教员
罗文干	国立北京大学教员
汤尔和	医学博士
陶知行	国立东南大学教育科主任
王伯秋	国立东南大学政法经济科主任
梁漱溟	国立北京大学教员
李大钊	国立北京大学图书馆主任
陶孟和	国立北京大学哲学系主任
朱经农	国立北京大学教授
张慰慈	国立北京大学教员
高一涵	国立北京大学教员
徐宝璜	国立北京大学教授
王　征	美国新银行团秘书
丁文江	前地质调查所所长
胡　适	国立北京大学教务长

学术救国

今天时间很短，我不想说什么多的话。我差不多有九个月没到大学来了！现在想到欧洲去。去，实在不想回来了！能够在那面找一个地方吃饭，读书就好了。但是我的良心是不是就能准许我这样，尚无把握。那要看是哪方面的良心战胜。今天我略略说几句话，就作为临别赠言吧。

去年8月的时候，我发表了一篇文章，说到救国与读书的，当时就有很多人攻击我。但是社会送给名誉与我们，我们就应该本着我们的良心、知识、道德去说话。社会送给我们的领袖的资格，是要我们在生死关头上，出来说话作事，并不是送名誉与我们，便于吃饭拿钱的。我说的话也许是不入耳之言，但你们要知道不入耳之言亦是难得的呀！

去年（1925年）我说，救国不是摇旗呐喊能够行的；是要多少多少的人投身于学术事业，苦心孤诣实事求是的去努力才行。刚才加藤先生说新日本之所以成为新日本之种种事实，使我非常感动。日本很小的一个国家，现在是世界四大强国之一。这不是偶然来的，是他们一般人都尽量的吸收西洋的科学，学术才成功的。你们知道无论我们要作什么，离掉学术是不行的。

所以我主张要以人格救国，要以学术救国。今天只就第二点略为说说。

在世界混乱的时候，有少数的人，不为时势转移，从根本上去作学问，不算什么羞耻的事。"三一八"惨案过后三天，我在上海大同学院讲演，就是这个意思。今天回到大学来与你们第一次见面，我还是这个意思，要以学术救国。

这本书是法人巴士特（Pasteur）（今译巴斯德）的传。是我在上海病中看的，有些地方我看了我竟哭了。

巴氏是1870年普法战争时的人。法国打败了。德国的兵开到巴黎把皇帝捉了，城也占了，订城下之盟赔款五万万。这赔款比我们的庚子赔款还要多五分之一。又割亚尔撒斯、罗林两省地方与德国，你们看当时的文学，如像莫泊桑他们的著作，就可看出法国当时几乎亡国的惨象与悲哀。巴氏在这时业已很有名了。看见法人受种种虐待，向来打战（仗）没有被毁过科学院，这回都被毁了。他十分愤激，把德国波恩大学（Bonn）所给他的博士文凭都退还了德国。他并且作文章说："法兰西为什么会打败仗呢？那是由于法国没有人才。为什么法国没有人才呢？那是由于法国科学不行。"以前法国同德国所以未打败仗者，是由于那瓦西尔Lauostes一般科学家，有种种的发明足资应用。后来那瓦西尔他们被革命军杀死了。孟勒尔Moner将被杀之日，说："我的职务是在管理造枪，我只管枪之好坏，其他一概不问。"要科学帮助革命，革命才能成功。而这次法国竟打不胜一新造而未统一之德国，完全由于科学不进步。但二十年后，英人谓巴士特一人试验之成绩，足以还五万万赔款而有余。

巴氏试验的成绩很多，今天我举三件事来说：

第一，关于制酒的事。他研究发酵作用，以为一个东西不会无缘无故的起变化的。定有微生物在其中作怪。其他如人生疮腐烂，传染病也是因微生物的关系。法国南部出酒，但是酒坏损失甚大。巴氏细心研究，以为这酒之所以变坏，还是因其中有微生物。何以会有微生物来呢？他说有三种：一是有空气中来的，二是自器具上来的，三是从材料上来的。他要想避免和救济这种弊病，经了许多的试验，他发明把酒拿来煮到五十度至五十五度，则不至于坏了。可是当时没有人信他的。法国海军部管辖的兵舰开到外国去，需酒甚多，时间久了，老是喝酸酒。就想把巴氏的法子来试验一下，把酒煮到五十五度，过了十个月，煮过的酒，通通是好的，香味颜色，分外加浓。没有煮过的，全坏了。后来又载大量的煮过的酒到非洲去，也是不坏。于是法国每年之收入增加几万万。

第二，关于养蚕的事。法国蚕业每年的收入极大。但有一年起蚕子忽然发生瘟病，身上有椒斑点，损失甚大。巴氏遂去研究，研究的结果，没有什么病，是由于作蛹变蛾时生上了微生物的原故。大家不相信。里昂曾开委员会讨论此事。巴氏寄甲乙丙丁数种蚕种与委员会，并一一注明，说某种有斑点，某种有微生虫，某种当全生，某种当全死。里昂在专门委员会研究试验，果然一一与巴氏之言相符。巴氏又想出种种简单的方法，使养蚕的都买显微镜来选择蚕种。不能置显微镜的可送种到公安局去，由公安局员替他们检查。这样一来法国的蚕业大为进步，收入骤增。

第三，关于畜牧的事。法国向来重农，畜牧很盛。十九世纪里头牛羊忽然得脾瘟病，不多几天，即都出黑血而死。全国损失牛羊不计其数。巴氏以为这一定是一种病菌传入牲畜身上的缘故，遂竭力研究试验。从1877年到1881年都未找出来。当时又发生一种鸡瘟病。巴氏找出鸡瘟病的病菌，以之注入其他的鸡，则其他的鸡立得瘟病。但是这种病菌如果放置久了，则注入鸡身，就没有什么效验。他想这一定是氧气能够使病菌减少生殖的能力。并且继续研究把这病菌煮到四十二度与四十五度之间则不能生长。又如果把毒小一点的病菌注入牲畜身上，则以后遇着毒大病菌都不能为害了。因为身体内已经造成了抵抗力了。

当时很有一般学究先生们反对他，颇想使他丢一次脸，遂约集些人卖了若干头牛若干头羊，请巴氏来试验。巴氏把一部分牛羊的身上注上毒小的病菌两次。第三次则全体注上有毒可以致死的病菌液。宣布凡注射三次者一个也不会死，凡只注射一次者，一个也不会活。这不啻与牛羊算命，当时很有些人笑他并且替他担忧。可是还没有到期，他的学生就写信告诉他，说他的话通通应验了，请他赶快来看。于是成千屡万的人（来）看，来赞颂他，欢迎他，就是反对他的人亦登台宣言说十分相信他的说法。

这个发明使医学大有进步，使全世界前前后后的人都受其赐。这岂只替法还五万万的赔款？这直不能以数目计！

他辛辛苦苦的试验四年才把这个试验出来。谓其妻曰："如果这不是法国人发明，我真会气死了。"

此人是我们的模范，这是救国。我们要知道既然在大学内作大学生，所作何事？希望我们的同学朋友注意，我们的责任是在研究学术以贡献于国家社会。

没有科学，打战（仗）、革命都是不行的！

争取学术独立的十年计划

我很深切的感觉中国的高等教育应该有一个自觉的十年计划，其目的是要在十年之中建立起中国学术独立的基础。

我说的"学术独立"，当然不是一班守旧的人们心里想的"汉家自有学术，何必远法欧美"。我决不想中国今后的学术可以脱离现代世界的学术而自己寻出一条孤立的途径，我也决不主张十年之后就可以没有留学外国的中国学者了。

我所谓"学术独立"必须具有四个条件：

（一）世界现代学术的基本训练，中国自己应该有大学可以充分担负，不必向国外去寻求。

（二）受了基本训练的人才，在国内应该有设备够用与师资良好的地方，可以继续做专门的科学研究。

（三）本国需要解决的科学问题、工业问题、医药与公共卫生问题、国防工业问题等等，在国内都应该有适宜的专门人才与研究机构可以帮助社会、国家寻求得解决。

（四）对于现代世界的学术，本国的学人与研究机关应该和世界各国的学人与研究机关分工合作，共同担负人类学术进展的责任。

要做到这样的学术独立，我们必须及早准备一个良好的，坚实的基础。所以我提议，中国此时应该有一个大学教育的十年计划。在十年之内，集中国家的最大力量，培植五个到十个成绩最好的大学，使他们尽力发展他们的研究工作，使他们成为第一流的学术中心，使他们成为国家学术独立的根据地。

这个十年计划也可以分做两个阶段。第一个五年，先培植起五个大学；五年之后，再加上五个大学。这个分两期的方法有几种好处：第一，国家的人才与财力恐怕不够同时发展十个第一流的大学；第二，先用国家力量培植五所大学，可以策励其他大学努力向上，争取第二期五个大学的地位。

我提议的十年计划，当然不是只顾到那五个、十个大学，而不要其余的大学和学院了。说得详细一点，我提议：

（一）政府应该下大决心，在十年之内，不再添设大学或独立学院。

（二）本年宪法生效之后，政府必须严格实行宪法第一百六十四条的规定："教育文化科学之经费，在中央不得少于其预算总额百分之十五，在省不得少于其预算总额百分之二十五，在市县不得少于其预算总额百分之三十五。"全国人民与人民团体应该随时监督各级政府严格执行。

（三）政府应该有一个高等教育的十年计划，分两期施行。

（四）在第一个五年里，挑选五个大学，用最大的力量培植他们，特别发展他们的研究所，使他们能在已有的基础之上，在短期间内，发展成为现代学术的重要中心。

（五）在第二个五年里，继续培植前期五个大学之外，再挑选五个大学，用同样的大力量培植他们，特别发展他们的研究所，使他们在短期内发展成为现代学术的重要中心。

（六）在这十年里，对于其余的四十多个国立大学和独立学院，政府应该充分增加他们的经费，扩充他们的设备，使他们有继续整顿发展的机会，使他们成为各地最好的大学。对于有成绩的私立大学和独立学院，政府也应该继续民国二十二年以来补助私立学校的政策，给他们适当的补助费，使他们能继续发展。

（七）在选择每一期的五个大学之中，私立的学校与国立的学校应该有同样被挑选的机会。选择的标准应该注重人才、设备、研究成绩。

（八）这个十年计划应该包括整个大学教育制度的革新，也应该包括"大学"的观念的根本改换。近年所争的几个学院以上才可称大学，简直是无谓之争。今后中国的大学教育应该朝着研究院的方向去发展。凡能训练研究工作的人才的，凡有教授与研究生做独立的科学研究的，才是真正的大学。凡只能完成四年本科教育的，尽管有十院七八十系，都不算是将来的最高学府。从这个新的"大学"观念出发，现行的大学制度应该及早彻底修正，多多减除行政衙门的干涉，多多增加学术机关的自由与责任。例如现行的学位授予法，其中博士学位的规定最足以阻碍大学研究所的发展。这部分的法令公布了十六年，至今不能实行，政府应该早日接受去年中央研究院评议会的建议："博士候选人之平时研究工作及博士论文，均应由政府核准设立研究所五年以上并经特许收受博士候选人之大学或独立学院自行审查考试，审查考试合格者，由该校院授予博士学位。"今日为了要提倡独立的科学研究，为了要提高各大学研究的尊严，为了要减少出洋渡金的社会心理，都不可不修正学位授予法，让国内有资格的大学自己担负授予博士学位的责任。

这是我的建议的大概。这里面我认为最重要又最简单易行而收效最大最速的，是用国家最大力量培植五个到十个大学的计划。眼前的人才实在不够分配到一百多个大学与学院去。（照去年夏天的统计，全国有28个国立大学，18个国立学院，20个私立大学，13个省立学院，21个私立学院，共计100个。此外还有48个公私立专科学校。）试问中国第一流的物理学者，国内外合计，有多少人？中国专治西洋历史有成绩的，国内外合计，有多少人？这都是大学必不可少的学科，而人才稀少如此。学术的发达，人才是第一要件。我们必须集中第一流的人才，替他们造成最适宜的工作条件，使他们可以自己做研究，使他们可以替全国训练将来的师资与工作人员。有了这五个十个最高学府做学术研究的大本营，十年之后，我相信中国必可以在现代学术上得着独立的地位。

这不是我过分乐观的话，世界学术史上有许多事实可以使我说这样大胆的预言。

在我出世的那一年（1891年），罗氏基金会决定捐出二千万美金来创办芝加哥大学。第一任校长哈勃尔（W. R. Harper）担任筹备的事，他周游全国，用当时空前的待遇（年俸7500元），选聘第一流人物做各院系的主任教授，美国没有的，他到英国、欧洲去挑。一年之后，人才齐备了，设备够用了，开学之日，芝加哥大学就被公认为第一流大学。一个私家基金会能做到的事，一个堂堂的国家当然更容易做得到。

更数上去十多年，1876年，吉尔门校长（D. C. Gilman）创立霍铿斯（今译霍普金斯）大学，专力提倡研究院的工作。那时候美国的大学还都只有大学本科的教育。耶鲁大学的研究院成立于1871年，哈佛大学的研究院成立于1872年，吉尔门在霍铿斯大学才创立了专办研究院的新式大学，打开了"大学是研究院"的新风气。当时霍铿斯大学的人才盛极一时，哲学家如杜威，如罗以斯（Royce），经济学家如伊黎（Ely），政治学家如威尔逊总统，都是霍铿斯大学研究院出来的博士。在医学方面，当霍铿斯大学开办时（1876年），美国全国还没有一个医学院是有研究实验室的设备的！吉尔门校长选聘了几个有研究成绩的青年医学家，如倭斯勒（OsLer）、韦尔渠（Welch）诸人，创立了第一个注重研究提倡实验的医学院，就奠定了美国新医学的基础。所以美国史家都承认美国学术独立的风气是从吉尔门校长创立大学研究院开始的。一个私人能倡导的风气，一个堂堂的国家当然更容易做得到。

所以我深信，用国家的大力来造成五个十个第一流大学，一定可以在短期间内做到学术独立的地位。我深信，只有这样集中人才，集中设备，只有这一个方法可以使我们这个国家走上学术独立的路。

不老

——跋梁漱溟先生致陈独秀书

一、梁先生原信节录

仲甫先生：

方才收到《新青年》六卷一号，看见你同陶孟和先生论我父亲自杀的事各一篇，我很感谢。为什么呢？因为凡是一件惹人注目的事，社会上对于他一定有许多思量感慨。当这用思兴感的时候，必不可无一种明确的议论来指导他们到一条正确的路上去，免得流于错误而不自觉。所以我很感谢你们作这种明确的议论。我今天写这信有两个意思：一个是我读孟和的论断似乎还欠明晰，要有所申论；一个是凡人的精神状况差不多都与他的思想有关系，要众人留意。……

诸君在今日被一般人指而目之为新思想家，哪里知道二十年前我父亲也是受人指而目之为新思想家的呀。那时候人都毁骂郭筠仙（嵩焘）信洋人讲洋务，我父亲同他不相识，独排众论，极以他为然。又常亲近那最老的外交家许静山先生（珏），去访问世界大势，讨论什么亲俄亲英的问题。自己在日记上说："倘我本身不能出洋留学，一定节省出钱来叫我儿子出洋。万

201

事可省，此事不可不办。"大家总该晓得向来小孩子开蒙念书照规矩是《百家姓》《千字文》《四书五经》。我父亲竟不如此，叫那先生拿《地球韵言》来教我。我八岁时候有一位陈先生开了一个"中西小学堂"，便叫我去那里学起abcd来。到现在二十岁了，那人人都会背的《论语》《孟子》，我不但不会背，还是没有念呢！请看二十年后的今日还在那里压派着小学生读经，稍为革废之论，即为大家所不容。没有过人的精神，能行之于二十年前么？我父亲有兄弟交彭翼仲先生是北京城报界开天辟地的人，创办《启蒙画报》《京话日报》《中华报》等等。（《启蒙画报》上边拿些浅近科学知识讲给人听，排斥迷信，恐怕是北京人与赛先生（Science）相遇的第一次呢！）北京人都叫他"洋报"，没人过问，赔累不堪，几次绝望。我父亲典当了钱接济他，前后千余金。在那借钱折子上自己批道："我们为开化社会，就是把这钱赔干净了也甘心。"我父亲又拿鲁国漆室女倚门而叹的故事编了一出新戏叫作"女子爱国"。其事距今有十四五年了，算是北京新戏的开创头一回。戏里边便是把当时认为新思想的种种改革的主张夹七夹八的去灌输给听戏的人。平日言谈举动，在一般亲戚朋友看去，都有一种生硬新异的感觉，抱一种老大不赞成的意思。当时的事且不再叙，去占《新青年》的篇幅了。然而到了晚年，就是这五六年，除了合于从前自己主张的外，自己常很激烈的表示反对新人物新主张（于政治为尤然）。甚至把从前所主张的，如申张民权排斥迷信之类，有返回去的倾向。不但我父亲如此，我的父执彭先生本是勇往不过的革新家，那一种破釜沉舟的气概，恐怕现在的革新家未必能及，到现在他的思想也是陈旧的很。甚至也有那返回去的倾向。当年我们两家虽都是南方籍贯，因为一连几代作官不曾回南，已经成了北京人。空气是异常腐败的。何以竟能发扬蹈厉去作革新的先锋？到现在的机会，要比起从前，那便利何止百倍，反而不能助成他们的新思想，却墨守条规起来，又何故呢？这便是我说的精神状况的关系了。当四十岁时，人的精神充裕，那一副过人的精神便显起效用来，于甚少的机会中追求出机会，摄取了知识，构成了思想，发动了志气，所以有那一番积极的作为。在那时代便是维新家了。到六十岁时，精神安能如昔？知识的摄取力先减了，思想的构成力也退了，所有的思想都是以前的遗留，没有那方兴未艾的创造，而外界的变迁却一日千里起来，于是乎就落后为旧人物了。因为所差的不过是精神的活泼，不过是创造的智慧，所以虽不是现在的新思想家，却还是从前的新思想家；虽没有今人的思想，却不像寻常人的没思想。况且我父亲虽然到了老年，因为有一种旧式道德家的训练，那颜色还是很好，目光极具有神，肌肉不瘠，步履甚健，样样都比我们年轻人还强。精神纵不如昔，还是过人。那神志的清明，志气的刚强，情感的真挚，真所谓老当益壮的了。对于外界政治上社会上种种不好的现象，他如何肯糊涂过去！使本着那所有的思想终日早起晏息的去作事，并且成了这自杀的举动。其间知识上的错误自是有的。然而不算事。假使拿他早年本有的精神遇着现在新学家同等的机会，那思想举动正未知如何呢！因此我又联想到何以这么大的中国，却只有一个《新青年》杂志？可以验国人的精神状况了！诸君所反复说之不已的，不过是很简单的一点意思，何以一般人就大惊小怪起来，又有一般人就觉得趣味无穷起来？想来这般人的思想构成力太缺了！然则这国民的"精神的养成"恐怕是第一大事了。我说精神状况与思想关系是要留意的一桩事，就是这个。

梁漱溟

二、跋

漱溟先生这封信，讨论他父亲巨川先生自杀的事，使人读了都很感动。他前面说的一段，因陶先生已去欧洲，我们且不讨论。后面一段论"精神状况与思想有关系"一个问题，使我们知道巨川先生精神生活的变迁，使我们对于他老先生不能不发生一种诚恳的敬爱心。这段文章，乃是近来传记中有数的文字。若是将来的孝子贤孙替父母祖宗做传时，都能有这种诚恳的态度，写实的文体，解释的见地，中国文学也许发生一些很有文学价值的传记。

我读这一段时，觉得内中有一节很可给我们少年人和壮年人做一种永久的教训，所以我把它提出来抄在下面：

> 当四十岁时，人的精神充裕，那一副过人的精神便显起效用来，于甚少的机会中追求出机会，摄取了知识，构成了思想，发动了志气，所以有那一番积极的作为。在那时代便是维新家了。到六十岁时，精神安能如昔？知识的摄取力先减了，思想的构成力也退了，所有的思想都是以前的遗留，没有那方兴未艾的创造，而外界的变迁却一日千里起来，于是乎就落后成为旧人物了。

我们少年人读了这一段，应该问自己道："我们到了六七十岁时，还能保存那创造的精神，做那时代的新人物吗？"这个问题还不是根本问题。我们应该进一步，问自己道："我们该用什么法子方才可使我们的精神到老还是进取创造的呢？我们应该怎么预备做一个白头的新人物呢？"

从这个问题上着想，我觉得漱溟先生对于他父亲平生事实的解释还不免有一点"倒果为因"的地方。他说，"到了六十岁时，精神安能如昔？知识的摄取力先减了，思想的构成力也退了"。这似乎是说因为精神先衰了，所以不能摄取新知识，不能构成新思想。但他下文又说巨川先生老年的精神还是过人，"真所谓老当益壮"。这可见巨川先生致死的原因不在精神先衰，乃在知识思想不能调剂补助他的精神。二十年前的知识思想决不够培养他那二十年后"老当益壮"的旧精神，所以有一种内部的冲突，所以竟致自杀。

我们从这个上面可得一个教训：我们应该早点预备下一些"精神不老丹"，方才可望做一个白头的新人物。这个"精神不老丹"是什么呢？我说是永远可求得新知识新思想的门径。这种门径不外两条：（一）养成一种欢迎新思想的习惯，使新知识新思潮可以源源进来；（二）极力提倡思想自由和言论自由，养成一种自由的空气，布下新思潮的种子，预备我们到了七八十岁时，也还有许多簇新的知识思想可以收获来做我们的精神培养品。

今日的新青年！请看看二十年前的革命家！

好政府主义

　　刚才陈先生所说的介绍语，我有许多不敢当。但人类是总有点野心，总有些希望。打破空间时间的观念，确立一种世界观念；把学说主张，贡献到全世界，并予未来时代的人以共见：也许是人类应有的希望！又陈先生对于我的名字之解说，似乎可以说是"投机家"。但是"投机"两个字，也可以作好的解释。从前人说："英雄造时势，时势造英雄。"英雄与时势，二者迭相助长，如环无端。使无投机者，则时势无从变更起。使无相当的时势，虽有英雄，亦且无从新造起。唯少数人的主张，根据于大多数人的需要；而大多数人得着这种主张，可以得着结果，而使时势发生变迁。所以到了时机成熟，应时势的需要，而发生有意志的有目的的有公共利益的主张，必易得大众的承认，而见诸实行。这种主张，也许是一种投机。我知陈先生所希望的，必是这种投机！

　　我以为应时势的需要，而有所主张，最要的是要有简单明了，而且人人皆可以承认的目标；这种目标，就是我今天所讲的"好政府主义"。这好政府三字，是否救时的大家公认的目标，待我仔细说来。

　　好政府主义，假定的是有政府主义。政府之为物，有的说他好，有的说他坏。有两种说法，各走极端的：其一，以政府是天生的，神意的。如中国古代所说的"天降下民，作之君，作之师"，及西方古代有些学说，

205

都是神权的政府观。这种政府观的变相，西方近代，仍然有的，而变其名曰"自然"。如德国混国家与政府而一之，不承认个人之自由，把天然的需要，说得神秘莫测似的：这是一种极端的学说。其二，以政府为有害无利，退一步言之，也说为利少而害多。谓政府是用不着的，须得自由组合，自由协商，以自由动作，代替强制。从前政府的强制力，常被军阀官吏滥用之以鱼肉小民，不如爽性的把他去掉，这是无政府主义派所说的。中国的老子，主张此说，西洋希腊到现代也有许多人倡此说的。这两种学说，好似南北二极，于这两极端之中，还有许多主张。我以为今年今日的民国，不谈政治则已，苟谈政治，便不能适用前两种极端的主张。极端的无政府主义，吾无以谥之，只谥之曰奢侈品，为其未完全根据于大多数人的需要故也。但需求也可分两面说：（1）心理的需求；（2）实际的需求。根据这两点，就可确定目标。所假定的这种目标，要是合于大众的心理社会的实际的需要；那么要做什么便做什么，不患政治社会无改良革新的希望了。今日的中国，不但无目标，并且无希望，即由缺少一种公共的目标。这种目标是平常的简明的有公共利益的老生常谈，就是好政府主义。

好政府主义，既不把政府看作神权的，亦不把政府看作绝对的有害无利的，只把政府看作工具，故亦谓之工具的政府观。

什么是工具？这里似乎用不着详细的解释。譬如纸与笔是写字的工具；就黑板上写字，则不用毛笔铅笔钢笔而另用粉笔，粉笔亦是工具的一种；用这种工具，可以达到目的。然而造工具者，谁欤？

从前有人说"人是善笑的动物"，这话殊不尽然。又有人说"人是有理性的动物"，这话，证之世上为恶的人，亦颇足使我们怀疑。唯现代法国哲学家柏格森说"人是造工具的动物"，这话是顶对的。其他动物类皆不能创造工具。就是蜂蚁之勤于工作，也不能制造工具。唯人具有制造工具的天才。所造的工具，能适合于人们之运用。造房屋，用以蔽风雨；造桥梁，造铁路，用以利交通；造弓矢刀剑，枪炮，用以驱猛兽而御外敌：

这种种的制造，都不是其他动物所能做的。

但所说的工具，初不限于物质的工具；就是，所造的语言，文字，文学，也无一不是工具；什么家庭制度，社会制度，以及国家的法律，也无一不是工具。政治是人类造出的工具之一种；政府亦是人类造出的工具之一种！

政府既是一种工具，而工具又是应需要而生的，那么政府之由来，我们也可以推知了。

政府何由而来呢？乃由人民的组织渐渐扩大而来。社会中有家族有乡党，凡团体中之利害，与个人的利害，小团体与小团体的利害，或大团体与其他大团体的利害，均不免时有冲突。这冲突委实不是个人所能了的。譬如两人相斗，纠结不解，世世复仇，冤冤相报。若单由他两造自行去了结，一定是办不好的。势必须有第三者作个公共机关去裁判他两面的是非曲直，才能够调解冲突。所以欲消弭个人与个人，小团体与小团体，或小团体与个人交互间的冲突，非有超于小团体及个人的公共机关不可。——这是政府成立的要因。

前面说，政府是人造的一种工具，他的缘起，是为的大众的公共的需要。那么适应于公共的需要的，便是好政府了。

大抵一种工具，是应用的，以能够应用者为好。这种实用的学说，也有作工具主义的。这工具主义，就是好政府主义的基本观念。

政府是工具，必定要知道这种工具的用处与性质，才可以谈到应用。

政府是有组织的公共的权力。权力为力的一种，要做一事，必须有力；譬如电灯之明亮，是由于有力，鼓打得响，也是由于有力。可是这种有组织的公共的权力，与他种权力不同。假定无这种组织，无公共利益的权力，社会上必免不掉冲突。譬如从前北京的拉车的拉到车马辐辏的前门地方，常常有所谓"挡住道"的事情发生，必要等前等后，乃能走动。为什么这样的拥挤停滞呢？就因为没有公共的秩序，公共的组织，公共的规则。你看上海的浙江路与南京路之间，来往的人数车马，那样繁杂，但只有中国及印度之巡捕，手持不到五尺长的木棍，从容指挥，而两路来来往往的车，便不致拥挤；假使此棍无权力，亦何能指挥一切？唯其有了权力，只用一短小之棍，表示车的行止之使命，而可免掉时间的损失，和事情的耽误。政府之权力，足以消弭社会间所有的冲突，亦犹是也。

政治法律，把这种权力组织起来，造作公共的规矩——所谓礼法——以免去无谓的冲突，而可发生最大的效果，这是政府的特别性质。

但是在这些地方，不过想免去冲突，仍然是一种消极的作用，此外还有积极的作用。质言之，不独可免社会间的冲突，亦可促社会全体之进步。

因为人类有天然之惰性，往往狃故常，爱保守，毫无改革求进的志趣。如家庭之世守祖业者，就是这样。唯政府是指挥大众的公共机关，可使社会上的人减少惰力，而增加社会全体进步的速率。有些个人所不能为的事，一入政府手中，便有绝大的效果。

数年前曾主张白话，假如只是这样在野建议，不借政府的权力，去催促大众实行，那就必须一二十年之后，才能发生影响。即使政府中有一部分人，对于这件事，曾欲提倡，也仍然没有多大的效果。现在因为有一道部令，令小学校通同用白话文教授。这样一来，从前反对的人，近来也入国语传习所，变成赞成的了；从前表示赞成的，这时更高兴，更来实行起来了。试思以二三十字之一道好的命令（部命），而可以缩短二十年三十年的少数人鼓吹的工具之实施期间，政府权力之重要，为何如者！

再举禁鸦片烟一事为证，十余年以前的人，以鸦片为请客——甚至请贵客——之珍品；而今却不敢自己吃。从前认为阔绰的情事，而今认为犯法的行为：这亦不外政府权力所使然。自然，有些地方，鸦片还是横行，可是鸦片之所以横行，非有政府之过，乃无政府之过，无好政府之过。试思不好的政府，犹可使有那样的效果，假使有了好政府，鸦片岂有不全被禁绝的吗？

所以政府的组织及权力，如果用之得当，必能得着最大的效果；不但可免社会间交互的冲突，而且可促社会全体的进步。

综前所说：好政府主义有三个基本观念：

（1）人类是造工具的动物，政府是工具的一种。

（2）这种工具的特性，是有组织，有公共目的的权力。

（3）这种工具的效能，可促进社会全体的进步。

以下再说由工具主义的政府观中所得到的益处：

第一，可得到评判的标准。从上面所说的工具主义的政府观中，得着个批评政府的标准。以工具主义的政府观，来批评政府，觉得凡好工具都是应用的，政府完全是谋公共利益及幸福的一种工具；故凡能应公共的需要，谋公共的利益，做到公共的目的，就是好政府，不能为所应为，或为所不应为的，就是坏政府。

第二，可得到民治的原理。政府之为物，不是死板板的工具，是人作的，要防避他的妖怪；《西游记》中的妖怪，加害于唐僧的，如老君的扇子，青牛哪，童子哪，都是工具，只因为主人稍为大意，工具变成了妖怪，就能害人。我们做主人的人民，如果放任政府，不去好好的看守他。这种工具亦必会作怪的。所以在这一点上可得到民治主义的原理。政府这工具，原为我们大多数人民而设，使不善造善用，则受害者亦即在这些老主人。因为人类有劣根性，不可有无限的权力。有之，即好人亦会变坏。"一朝权在手，便把令来行"，免不掉滥用权力以图私利了。所以宜用民治主义去矫正他。虽把权力交给少数人，而老主人不能不常常的监督他，不可不常常的管束他。这是民治主义之浅者，其深义待一涵先生讲之。

第三，可得到革命的原理。刚才说的工具是应用的。不能应用时，便可改换；茶杯漏了换一个，衣服敝了换一件；政府坏了，可改一个好政府——这是浅显的革命原理。所以在工具主义的政府观之下，革命是极平常而且极需要的，并不是稀奇事。

上列三项，就是好政府主义的引伸（申）义。

复次，好政府主义的实行，至少须备有几个重要的条件。

（一）要觉悟政治的重要。大家须觉悟政治不好，什么事都不能办。

例如教育事业，谁也相信是要紧的，而北京近年的学校，及武昌高师，因为政治不好，相继感受恶影响。且也政治不好，连实业也兴办不成：去年（1920年）京汉京浦路上，打仗一礼拜，而中国煤矿业的商人竟损失了二百五十万之巨。今年（1921年）武昌宜昌及其他惨遭兵祸的地方，乃至连小生意都做不成。所以好政府主义的实行，第一须有这种觉悟。

（二）要有公共的目标。有了觉悟，而灰心短气，不定下一个目标出来，也不成功。我们简单明了的，人人能懂的，人人承认的公共目标，就是好政府三字。如辛亥革命之目标是排满，其吃亏在此，其成功亦在此。凡研究尽可高深，预备不妨复杂，而目标则贵简要。故我以好政府三字为目标。有了公共的目标，然后便易于实行。

（三）要有好人的结合。有了觉悟，及有了目标，尤须有人组合起来，作公共的有组织的进行。厌世家每叹天下事不可为，我以为天下无不可为之事，只因为好人缩手说不可为，斯不可为矣。故好人须起而进行，从事于公共的有组织有目标的运动：这是谋好政府的实行所必备的第三个重要条件。

三个条件，是必须完全具备而不可缺一的。

诸君！我今天所讲的好政府主义，是平常的简单的浅显的老生常谈，然要知道必得此种老生常谈实现之后，中国乃能有救！